外观设计
专利文献
检索

国家知识产权局专利局
外观设计审查部 编

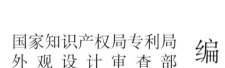
全国百佳图书出版单位

图书在版编目（CIP）数据

外观设计专利文献检索/国家知识产权局专利局外观设计审查部编. —北京：知识产权出版社，2015.2

ISBN 978 – 7 – 5130 – 3274 – 2

Ⅰ. ①外… Ⅱ. ①国… Ⅲ. ①外观设计—专利文献—情报检索 Ⅳ. ①G306.4②G252.7

中国版本图书馆 CIP 数据核字（2015）第 002014 号

责任编辑：汤腊冬   责任校对：董志英
文字编辑：申立超   责任出版：刘译文

外观设计专利文献检索

WAIGUAN SHEJI ZHUANLI WENXIAN JIANSUO

国家知识产权局专利局外观设计审查部　编

出版发行：	知识产权出版社 有限责任公司	网　　址：	http：//www.ipph.cn
社　　址：	北京市海淀区马甸南村 1 号	邮　　编：	100088
责编电话：	010 – 82000860 转 8108	责编邮箱：	tangladong@ cnipr.com
发行电话：	010 – 82000860 转 8101/8102	发行传真：	010 – 82000893/82005070/82000270
印　　刷：	天津市银博印刷技术发展有限公司	经　　销：	各大网上书店、新华书店及相关专业书店
开　　本：	787mm × 1092mm　1/16	印　　张：	14
版　　次：	2015 年 2 月第 1 版	印　　次：	2015 年 2 月第 1 次印刷
字　　数：	270 千字	定　　价：	79.00 元

ISBN 978 -7 -5130 -3274 -2

编 委 会

主　　编：林笑跃

副主编：王晓云　　贾海岩

统稿人：卞永军

编　　者：卞永军　余晓廓　曹　敏　黄婷婷

　　　　　徐婷妍　陈淑惠　张　亮　王　嫣

前　言

　　当前，知识产权已经成为促进经济发展的战略性资源和提高国际竞争力的重要抓手，随着国家知识产权战略的颁布和实施，社会各阶层对知识产权越来越重视。广大创新主体积极地利用知识产权制度为企业的长足发展不断地进行技术和设计创新，开发出新颖时尚的产品赢得市场。外观设计专利保护直接针对的是产品，是与市场紧密联系的，在技术创新难度大和技术发展处于相对成熟期的情况下，外观设计就成为提高企业竞争力的突破口。那么如何应对国内外同类企业和其他竞争对手的专利攻势，如何有效进行外观设计专利文献检索就显得尤其重要。2009 年 10 月 1 日实施的修改后的《中华人民共和国专利法》中外观设计专利的授权条件的现有设计是指申请日以前国内外为公众所知的设计，这些外观设计中最重要的就是外观设计专利文献。对于社会公众来说，全面了解外观设计专利文献的特点，利用适合的检索途径，运用高效的检索策略，进行外观设计专利检索是一项专业性极强的工作，亟须得到全面的、正确的指导。

　　鉴于对外观设计专利检索的迫切需求，国家知识产权局专利局外观设计审查部组织有经验的审查员对国内外各种途径和资源的外观设计专利文献进行收集、分析和整理，撰写一本能够利用互联网进行外观设计专利检索的辅导书，以便准确地判断一项外观设计专利权的稳定性，做出正确的法律诉讼决策。本书编写组人员全部是从事外观设计专利审查多年的审查员，具有丰富的审查和专利检索实践经验，部分人员还参与了国外外观设计专利文献分析课题的研究。

　　本书第一、第二章详细介绍了世界主要国家和地区外观设计专利审查制度以及外观设计专利检索的基础知识，帮助读者建立对外观设计专利检索的初步认识；第三章到第七章分别介绍中国（含香港和台湾地区）、美国、日本、韩国、欧盟和 WIPO（世界知识产权组织）的外观设计专利文献检索途径和检索技巧；第八章用具体案例分别在各国的专利文献数据库中进行检索演示。

　　需要说明的是，本书针对的世界主要国家的数据文献以及各种检索途径不是固定不变的，随着文献量的递增和各检索途径的更新，可能的检索策略和途径也会有所改变。例如，在互联网检索的实际操作中，由于数据库存在更新管理的需要，有些网站在进行不同语言检索过程中，会造成检索操作不成功，此时只能用该国的语言界面进行检索，但同一国家和地区的检索界面排列相同，只是语言不同而已，并不影响对检索界面菜单的对照理解。

本书避免不了存在不当之处，还望读者不吝赐正。

编者

2013 年 8 月 8 日

目　录

第一章　世界主要国家或地区
外观设计专利审查制度

1711 年，为了保证当地产业的良性发展，法国里昂市政府颁布了有关保护丝绸图案、色彩等外观设计的规定。此后，在工业革命的推动下，工业化的发展和批量生产方式的产生使得产品的范围与规模均得到了很大的扩展，新产品大量涌现，产品的实用功能已经不能满足人们的需求。在产品的外观上，人们对美的追求越来越高，这就使得产品的外观设计得以飞速发展，也直接促使外观设计的法律保护的发展。1806 年，法国颁布了世界上第一部外观设计法，开始对工业品外观设计进行专门保护。在其影响下，当时工业发达国家也相继建立了外观设计保护制度。如英国于 1842 年、澳大利亚于 1851 年、德国于 1876 年、西班牙于 1884 年、日本于 1888 年分别颁布了外观设计相关法律。迄今为止，世界上大多数国家和地区通过外观设计法、专利法、版权法等对外观设计进行保护。外观设计专利制度作为外观设计保护的重要形式，其重要性日渐提升。

但是由于各国的文化基础、经济发展水平不同，外观设计专利制度也各具特色。从审查模式来说，主要有四种类型：实质审查制、登记制、初步审查制、实质审查与非实质性审查并行制。下文就具体介绍这四种审查模式以及其中一些有代表性的国家或地区的具体制度。

一、实质审查制度

实质审查制，是指对专利申请既进行形式上的审查，又对实质内容即可专利性进行审查的制度，实质审查过程需要进行检索。这一制度是随着科学技术的不断进步，克服形式审查的缺点，舆论要求对外观设计内容进行实质审查，以确保专利质量，既然专利法对申请人给予独占性的专利权保护，就必须在授予专利权前进行严格审查，以确保专利权的稳定性，防止权利滥用，维护正常的经济秩序。

按照提出审查时间的不同，实质审查制又分为即时审查制和延迟审查制两种。

（1）即时审查制，又称一次性审查制。即专利主管部门对申请进行形式审查之后，无须申请人提出实质审查请求，即对专利申请的内容进行是否符合专利性的审查，以确定是否授予专利权。即时审查制可以确保所授予专利权的专利质量，减少诉讼纠纷，但其审批时间较长，且需要庞大的专利审查人员。目前，美国、中国台湾等国家或地区实行这种审查制度。

（2）延迟审查制，又称请求审查制。即专利主管部门在对专利申请案进行形式审查之后，不立即进行实质审查，而是申请人可以自申请日起一段时间内请求实质审查，待申请人提出实质审查请求之后，专利主管部门才进行实质审查。申请人在法定期限内不提出实质审查请求则被视为自动撤回申请。延迟审查制的优点是给申请人充分时间来考虑是否提出实质审查请求以及在何时提出实质审查请求。其缺点是专利申请长期处于保密的状态，而且在临时保护期❶内，申请人的权益在纠纷中得不到充分、可靠的保护。各国规定请求实质审查的法定期限不同。目前，日本、澳大利亚等国家实行这种审查制度。

（一）美国外观设计审查制度

美国法典对外观设计的定义是：任何人发明创造具有新颖性、独创性和装饰性的外观设计，均可按照美国专利法所规定的条件和要求取得对于该项外观设计的专利权。在保护客体上，美国对产品的部分设计也实施保护。同时美国的专利审查指南规定对于违反公共道德的外观设计不给予保护。

美国的外观设计专利权授予最先申请的人，❷ 专利保护期限为自授权日起14年。

美国外观设计要获得授权，除了必须满足一般专利的要求（即实用性、新颖性、独创性、非显而易见性等）之外，还必须符合一条非常重要的标准，即寻求专利保护的特征必须主要是装饰性而不是功能性的。

申请时，一般要求提交六面视图，为了更充分地公开该外观设计产品，还可以提交立体图，要求这些视图能清楚地显示整个产品的外观。视图中要求适当地添加表面阴影线，以保证不会产生任何歧义。当然对于形状比较简单的产品，如碗，也可以只提交主视图、俯视图和仰视图。对于"部分外观设计保护制度"，在视图提交方面要求用虚线表示出整个产品的外形，用实线表示要求保护的局部设计。值得一提的是，美

---

❶ 临时保护期：延迟审查制中，从早期公开到颁发专利证书的这一段时间。

❷ 美国的"发明优先"原则已沿用200多年，在《美国发明法案》[美国众议院于2011年6月23日以304票赞成、117票反对的绝对优势通过了备受争议的《美国发明法案》（众议院版，法案号HR-1249）。奥巴马总统于2011年9月16日正式签署并成为法律]。通过后，意味着《美国专利法》核心基础的重大变革，但不同条款生效日期不同。其中"先申请制"取代"先发明制"的生效日期为2013年3月16日。

国的外观设计专利在一项申请中允许保留同一项发明构思之下的多个实施例，从而延伸了保护范围。

此外，对于审查员作出的驳回决定，申请人可以向申诉委员会提交书面申诉，请求进行复查。申诉委员会有权决定是否受理。每项申诉应由申诉委员会的委员至少三人进行审理，参加审理该项申诉的委员由局长指定。《美国发明法案》通过后，提出了授权后异议制度。此举可让第三方在专利授权后向美国专利局请求专利无效，无须向法院提起诉讼，从而大幅降低第三方的诉讼费用。❶

在分类体系方面，美国外观设计专利实行的是双分类号制度，即同时采用《国际外观设计分类表》（又称《洛迦诺分类表》）和美国自己的外观设计分类表（USPC）。

（二）中国台湾外观设计审查制度

中国台湾专利法规定的新式样，指对物品之形状、花纹、色彩或其结合，透过视觉诉求之创作。从该定义可以看出，中国台湾称之为新式样的外观设计的保护客体仅限于形成物品外观的形状、花纹、色彩或其二者或三者的结合，而且必须是表现于空间形态以及能通过视觉感知的设计。同时规定了不予保护的对象如下：纯功能设计的物品外形；纯艺术创作或美术工艺品；集成电路布局及电子电路布局；妨害公共秩序、善良风俗或卫生的物品；相同或近似于党旗、国旗、国父遗像、国徽、军旗、印章、勋章的物品。

中国台湾的外观设计专利权授予最先申请的人，专利保护期限为自申请日起12年；联合外观设计❷专利权期限与原专利权期限同时届满。中国台湾的外观设计要获得授权，需要满足新颖性要求。

申请时，提交视图的要求与美国提交视图的要求很相似。在公告中还要求写明"请求专利保护范围"和"图示的简单说明"。例如要求保护的专利范围是单人休闲椅，应在图示的简单说明中注明：第一幅图是前视图、第二幅图是左侧视图等。

在分类体系方面，中国台湾采用的是中国台湾自己的分类法。

（三）日本外观设计审查制度

日本意匠法对外观设计的定义是：本法中的"外观设计"是指产品（包括产品的部件——除第8条规定的情况外都统称为产品）形状、图案或色彩或其任意组合，其对视觉产生美学意义的印象。在保护客体上，日本对产品的部分设计也给予保护。日本意匠法还规定，创作应是"可用于工业产品上的外观设计"，强调了保护对象的载体

---

❶ 在"先发明制"时期，申请人对申诉委员会的裁决不服时，可以向美国海关与专利上诉法院提起上诉，或者向哥伦比亚特区的美国地方法院对局长提起民事诉讼，请求救济。

❷ 即联合新式样，指同一人因袭其原新式样之创作且构成近似的外观设计。

应是工业品，同时规定了不予保护的对象有如下三类情形：有违公序良俗的外观设计、易于导致与他人商业有关的产品混淆的外观设计、仅仅是为保证产品功能所必不可少的形状设计。

日本的外观设计专利权授予最先申请的人，专利保护期限为自申请日起 20 年，不能续展。日本的外观设计要获得授权，需要满足新颖性、创造性以及工业实用性和美感等方面的要求。

申请时，一般要求申请人至少提交六面视图，为了充分公开外观设计产品，还可以提交立体图、剖视图等。视图名称一律标示在视图的左上方，视图中不允许存在表面阴影线。

在分类体系方面，日本外观设计的分类体系采用日本本国的分类体系，但在外观设计公报中也同时标注国际外观设计分类号，以供参考。

与其他国家相比，日本有其独特的外观设计保护制度，如下所述。

（1）成套申请制度，即两个以上的产品被同时使用，并构成日本经济产业省所规定的某类成套产品时，将两个以上的产品作为一个整体外观设计进行保护的制度。作为"一设计一申请"的例外，1998 年日本专利法实施细则规定了 13 项产品可以作为成套设计进行联合申请。1999 年经过修改增加为 56 项，涉及随身用品、日用品、家庭用品、餐具、家具、玩具、办公用品、汽车用品、电器和其他未列入的情况；同时规定成套申请的条件是具有统一性。成套申请的专利权是属于一个权利，同时失效，同时转让，作为一个权利捆绑在一起。例如，一套茶具，其专利权人能够行使权力禁止其他人模仿该套产品所构成的整体。这一制度能够恰当、充分地保护系统设计的创作。

（2）部分保护制度，即对物体的一部分形状、图案或者颜色以及这些元素的结合（称为"形态"）进行了独创的、具有特征性的创作时，允许该部分进行注册外观设计的制度。优点是在以产品整体提出专利申请的情况下，对于那些有可能被埋没于整体中不易强调的部分积极申请专利，能够防止他人模仿该部分的设计。例如，袜跟、杯子把等。

（3）关联设计制度，即基于一个设计内容而创作出的多个类似外观设计的情况称为关联设计保护制度。优点是能够在较广范围保护创作性较高的外观设计。1998 年之前的日本专利法称该类制度为类似外观设计制度，其条件是这些相类似的外观设计申请中的申请人相同，设计相近似，可以不是同一天提交的申请，只要未构成其他外观设计的现有设计，就能获得权利，但是，这些相近外观设计会因一件外观设计专利失效而同时失效。1999 年 1 月 1 日，日本开始实行所谓的关联外观设计制度，关联外观设计本身具有了独立的权利，但关联外观设计申请必须与基本外观设计申请同日提交。

到了 2006 年，由于申请人和相关行业的呼吁，日本将关联外观设计的申请日进行了修改，即关联外观设计的登记申请日应当在基本外观设计的登记申请日以后、并且在基本外观设计的授权公告之前。这就给了申请人更灵活的时间提出与基本外观设计相似的关联申请。日本对于关联外观设计申请的数量没有限制，关联外观设计权的保护期自基本外观设计的外观设计权的设定申请日起 20 年终止。虽然关联外观设计和基本设计分别具有独立保护范围，但仍然要求共同许可和转让。

（4）保密申请制度，即根据申请人的请求，在外观设计专利注册日起的一定期间内，对该外观设计的内容实施保密的制度。保密申请要求必须在申请之日提出保密申请请求，保密时间最长为 3 年。从产品销售战略上而论，该制度能够避免公开该外观设计所带来的不利影响，保护外观设计专利权利人的利益。例如对于生产、研制时间和生命周期较长的产品，如汽车，从产品开发到上市平均 2～4 年，企业不希望过早地公开其外观设计，可以进行保密申请。

（5）动态外观设计制度，即对产品形态根据其功能而变化的、并且该变化在静止状态下无法预测的外观设计进行保护的制度。例如玩偶盒（打开盒子时有人偶跳出来的玩具）等玩具，其外观设计的创作重点在于动作变化前后所显示的不可预测的情况，而动态外观设计是对该动态外观设计进行保护、防止权利遗漏的制度。提出申请时，为了明示变化前后的形态必须提交两个状态的相关视图。

（6）转换申请制度，即允许申请人将发明专利申请或者实用新型申请转换为外观设计申请，并且保留原申请日的制度。这使申请人的利益不因自己的错误选择而受到损害，使不能满足发明或者实用新型授权条件的申请在不影响申请日的前提下获得外观设计保护。

（7）重新确定申请日制度，即允许申请人重新确定申请日。如果申请人对申请书的记载或申请书附带的视图、照片、模型、样品所做出的修改变更了要旨，并且这种修改可以得到认可，那么该外观设计的补正日即为申请日。这避免因变更要旨使申请遭到驳回，并且使得申请人不必花费时日提交新的申请。

二、登记制度

登记制，又称注册制或无审查制。即对外观设计专利申请只进行简单形式审查，如果申请手续完备且符合法律规定的形式，就授予专利权，形式审查过程不需要进行检索。采取登记制的优点是审批速度快，使这些外观设计尽快受到专利保护，充分发挥专利制度的作用。其缺点是由于没有经过检索，专利权并不稳定，容易产生纠纷。

那么，对于不符合专利法的规定而未经实质审查取得了专利权的外观设计，可以通过无效宣告程序向相关机构请求宣告其无效。目前，欧盟、世界知识产权组织、中国香港等国家和地区实行这种审查制度。

（一）欧盟外观设计审查制度

《欧盟外观设计理事会规则》❶对外观设计的定义是："外观设计"是指由产品的线条、轮廓、色彩、形状、质地，和/或产品本身的材料，和/或装饰结果形成的产品全部或部分外观。其中"产品"是指任何工业或手工制品，其中包括将组合成复合型产品（Complex product）的包装、装潢、图表符号以及字体设计，但不包括计算机程序。"复合型产品"是指由多个部件组成的产品，这些部件允许产品分拆和重新组装。《欧盟外观设计理事会规则》同时规定了不予保护的对象：非可视性的、没有特殊功能的，或者违背公序良俗或道德准则的外观设计。

针对外观设计保护，欧盟提供注册和非注册两种形式。其中非注册式共同体外观设计无须提交注册申请，自该外观设计在欧盟内首次为公众可获得（通过出版、展览、销售等方式披露，为相关行业的专业人士所知）之日起，即享有 3 年保护期。因其保护期短，适合于较流行的产品设计。注册式共同体外观设计就必须向欧洲内部市场协调局（OHIM）或通过欧盟成员国的工业产权局提出注册申请，世界上任何国家的自然人或法人都可以提出申请。经欧洲内部市场协调局进行形式审查合格后，予以注册。注册式共同体外观设计保护期为自申请日起 5 年，期满后可续展 4 次，每次 5 年，最长保护期为 25 年。

非注册式共同体外观设计在公布后 12 个月内可申请成为注册式外观设计，这一阶段称为"宽限期"（Grace period），其重要性在于设计人可通过非注册式共同体外观设计的保护来检验市场，利用法律防止竞争者随意抄袭，借此机会考虑时间和经济成本是否值得请求保护注册式共同体外观设计；注册式共同体外观设计没有宽限期，但可以享受优先权。

但是，不论是注册式欧盟共同体外观设计还是非注册式欧盟共同体外观设计要获得保护都必须同时满足新颖性和独特性两个条件。对于欧盟非注册式共同体外观设计，判断新颖性和独特性的时间点为要求保护的该外观设计首次为公众所知的日期；对于欧盟注册式共同体外观设计，判断新颖性和独特性的时间点为要求保护的该外观设计提交注册申请的日期，如果要求了优先权，则为优先权日期。虽然欧盟注册式共同体

---

❶ 1998 年 10 月 13 日通过的《欧盟外观设计理事会指令》（欧洲议会及理事会颁布的关于对外观设计法律保护的指令 98/71/EC），2001 年 12 月 12 日通过的《欧盟外观设计理事会规则》（欧盟理事会关于共同体外观设计的（EC）第 6/2002 号法规），2003 年 4 月 1 日起，开始受理共同体外观设计申请。

外观设计和非注册式共同体外观设计判断这两个条件的时间点不一样，但基本原则是一样的。在判断的时间点之前，没有相同的外观设计为公众所知，则被认为具有新颖性；在判断的时间点之前，就见多识广的用户而言，整体印象不同于已经公之于众的外观设计，则被认为有独特性。

申请时，欧盟注册式共同体外观设计对视图的要求不高，只需要提交足够数量的能够清楚表达寻求保护的外观设计的所有特征的视图即可，其中视图数量是否足够由申请人决定。申请形式可以有两种：一种是单项申请（Single application），即一件申请中，请求注册一项外观设计，与描述该外观设计的图片数量无关；第二种是多项申请（Multiple application），即一件申请中，请求注册多项外观设计，对于外观设计的项目数量没有限制。但是，外观设计所使用或组合的产品必须属于《国际外观设计分类表》中的同一个大类，但装饰品除外。

在申请之后，欧洲内部市场协调局对其进行形式审查的内容主要包括确定该外观设计注册申请的分类、确定设计者、是否符合共同体外观设计的定义、是否违反公共政策或道德。经形式审查合格的外观设计申请除请求延期公布外，申请注册后即刻公布。延期公布的时间最多可以推迟30个月。

欧盟注册式共同体外观设计可由欧洲内部市场协调局依照规定程序宣告无效，或在侵权反诉基础上由欧盟法院宣告无效。共同体外观设计可能在失效或放弃后仍被宣告无效。

在分类体系方面，注册式共同体外观设计的申请及其公布均采用《国际外观设计分类表》。欧洲内部市场协调局在《国际外观设计分类表》的基础上，增补了表中的产品名称，形成了欧洲洛迦诺分类表（The EuroLocarno）。该分类表被翻译成欧盟各国官方语言，申请人在递交申请时可使用这一术语表，指出产品所属类别。

（二）世界知识产权组织外观设计审查制度

世界知识产权组织（WIPO）对外观设计的保护依据的条约是《工业品外观设计国际保存海牙协定》，简称《海牙协定》。

《海牙协定》于1925年在荷兰海牙缔结，由世界知识产权组织管理。《海牙协定》包括三个独立的文本：伦敦文本（1934）、海牙文本（1960）和日内瓦文本（1999），其中伦敦文本自2010年1月1日起暂时终止适用。每个文本都有一套不同的且彼此独立的法律条款。国家可以加入1960年文本和/或1999年文本；政府间组织可以加入1999年文本。依据《海牙协定》建立的国际注册体系也称作"海牙体系"。截至2012年4月13日的统计，WIPO的185个成员中，一共有60个国家或政府间组织加入了海牙体系，而美国、中国、日本等尚未加入。《海牙协定》提供了一种外观设计国际注册的程序。根据其规定：《海牙协定》缔约方所属的国民可以直接（或者通过其国家主管局）向国际局提交一份外观设计申请，该申请符合规定的形式要求后，就在国际注册簿上予以登记，并在《国际外观设计公报》中公布，各指定缔约方的主管局即可在本国立法的规定下进行实质审查，以决定该申请能否在其领土内进行保护。从而在程序上达到申请人只要向 WIPO 的国际局进行一次申请，就可以在想要得到保护的缔约方领土内获得工业品外观设计专利保护的目的。

《海牙协定》中规定了外观设计国际注册的保护期限。国际注册应以 5 年为期进行，自国际注册日起为首期。国际注册可根据规定的程序并需缴纳规定的费用，再以 5 年为期续展。

《海牙协定》对视图提交的数量没有严格的要求，原则是要将产品的外形表达清楚。未要求标注视图名称，只需在空白处编号，如 1.1、1.2、1.3、2.1、2.2 等。绘制的视图允许存在阴影线，但不允许出现展示物体的截面或平面的机械制图，特别不允许带有轴线、尺寸线以及解释性的文字或图例的图案。

在分类方面，国际申请中的外观设计依照《国际外观设计分类表》进行分类。一份申请案最多可以包含 100 件产品的外观设计，在《保护工业产权巴黎公约》以下简称《巴黎公约》成员国内享有 6 个月的优先权，而且不要求申请人必须首先在本国取得保护。

（三）中国香港外观设计审查制度

中国香港特别行政区回归前，外观设计要在中国香港获得保护，必须在英国注册。《联合王国设计（保障）条例》（中国香港法例第 44 章）在 1928 年生效。根据该条例，外观设计一经在英国注册，该外观设计拥有人便可以在香港享有同样权利，就像有关英国的注册证明书的效力已延伸至中国香港一样。因此，凡在英国注册的外观设计，均自动在香港受到保护，在中国香港无须办理任何注册即可自动生效。

中国香港回归后，《联合王国设计（保障）条例》被废除。中国香港特别行政区公布了自己的外观设计注册法例，设立独立的外观设计注册制度。中国香港特别行政区《注册外观设计条例》（中国香港法例第 522 章）于 1997 年 6 月 27 日生效，并成立中国香港知识产权署，下设外观设计注册处，负责受理外观设计注册申请。

《注册外观设计条例》对外观设计的定义是：外观设计是指借任何工业程序而应用于某物品的形状、构形、式样或装饰的特色，而该特色是在经制成的物品上的吸引视线和视觉可判别的特色。条例同时规定了不予保护的对象：任何构造的方法或原理；任何物品的形状或构形的特色，而该特色（1）纯粹受该物品所须发挥的功能支配；（2）取决于另一物品的外观，而该物品是设计人将其与另一物品合成一整体的。

中国香港外观设计专利权属于最先申请的人，注册的首段有效期为自申请日起5年。申请人如要续期，须缴纳续期费。注册有效期可续期4次，每次5年。外观设计最长有效期为25年。

获得中国香港注册外观设计保护的外观设计必须具有新颖性，即该外观设计在提交日或所声明的优先权日之前没有关于该物品或任何其他物品的另一项相同的外观设计为公众所知，则被认为具有新颖性。

在申请时，需要提交申请书和视图（必须是绘图或者图片）。其中，在申请书表格中包含有"新颖性陈述"栏目，此陈述应是关于声称具有新颖性的外观设计特色的陈述，不得描述物品的使用、特点、优点或构造的方法。但是，对于拟应用于纺织品、墙纸或相类的墙壁覆盖物、蕾丝、纺织品套件或蕾丝套件的外观设计的式样或装饰则不需提供新颖性陈述。形式审查合格后，即可获得注册，然后公告。

在分类体系方面，中国香港采用《国际外观设计分类表》对中国香港外观设计进行分类。

三、初步审查制度

初步审查制是介于实质审查制度和登记制度之间的一种制度。初步审查包括对外观设计专利申请的形式审查，但是与登记制相比，对申请文件特别是视图的形式审查标准明显更为严格，同时还包括对申请是否存在明显的实质性缺陷的审查，例如，审查提出专利申请的外观设计是否明显属于现有设计；初步审查过程中一般不进行检索，但是必要时如对现有设计情况存在怀疑，审查员可以进行检索。采取初步审查制的优点是既可以通过一个较快的审批速度使外观设计受到专利保护，又能有效防止一些低质量的外观设计滥竽充数。对于不符合专利法的规定而未经实质审查取得了专利权的外观设计，可以通过无效宣告程序向相关机构请求宣告其无效。目前，我国实行这种审查制度。

《中华人民共和国专利法》（以下简称《专利法》）对外观设计的定义是：外观设计，是指对产品的形状、图案或者其结合以及色彩与形状、图案的结合所作出的富有美感并适于工业应用的新设计。同时还规定了不予保护的对象：违反法律、社会公德或者妨害公共利益的发明创造以及平面印刷品的图案、色彩或者二者的结合作出的主要起标识作用的设计。

中国的外观设计专利权属于最先申请的人，专利保护的期限为自申请日起10年❶。

---

❶　1985年实施的专利法规定保护期限为自申请日起5年并可以续展3年。1992年对专利法进行了第一次修改，修改后的专利法与TRIPs协议基本保持一致，将外观设计专利的保护期限改为自申请日起10年。

在中国申请外观设计专利，只要其属于以下几种情形之一即满足在中国申请的资格：即中华人民共和国公民；在中国有经常居所或者营业所的外国人、外国企业或者外国其他组织；申请人所属国同我国签订有相互给予对方国民待遇以专利保护的协议；申请人所属国是《巴黎公约》成员国或者世界贸易组织成员；申请人所属国依互惠原则给外国人以专利保护。

获得中国外观设计保护的外观设计必须具有新颖性以及与现有设计或现有设计特征的组合相比具有明显区别。

中国的外观设计专利申请及审批流程主要包括：申请——受理——初步审查——授权——发证、公告。

在申请时，应当提交请求书、该外观设计的图片或者照片以及对该外观设计的简要说明等文件。中国对申请文件的形式审查的内容主要包括确定该外观设计申请的分类、确定请求书中的各项内容是否符合规定、确定视图是否能够清楚表达该外观设计、确定简要说明是否写明产品名称、用途、设计要点、指定公告视图以及是否符合该外观设计的定义、是否属于不给予外观设计保护的客体、其他实质性缺陷等。例如，审查员会对产品名称与视图不相符、视图的比例不一致、视图投影关系不对应、简要说明未写明用途等缺陷发出补正通知书；提出专利申请的外观设计是否明显属于现有设计、是否明显属于主要起标识作用的平面印刷品的外观设计等发出审查意见通知书。初步审查合格后可以获得授权。

在授予专利权之后，可由专利复审委员会依照专利法规定程序宣告无效，宣告无效的专利权视为自始即不存在。

在分类体系方面，中国的外观设计专利分类是根据《国际外观设计分类表》进行的，对申请外观设计专利的产品按照用途给出分类号。

四、实质审查与非实质性审查并行制度

实质审查与非实质性审查并行的制度，是指在外观设计专利审查中，同时并行实质审查和非实质性审查两种审查模式的制度。采取这种制度的优点是申请人可以根据请求保护的外观设计的不同，灵活提交申请。目前，韩国采用这种并行审查制度。

韩国外观设计保护法对外观设计的定义是：外观设计是指对产品（包括产品的部分及字体）的形状、图案、色彩或者其结合所作出的，通过视觉产生美感的设计。同时还规定了不予保护的对象：使用韩国国旗等、违反道德、与他人业务产生混淆的设计以及功能限定的设计。

韩国的外观设计专利权授予最先申请的人，保护期限为自申请日起 15 年。韩国也有相似于日本的类似外观设计专利制度，专利权随着基本外观设计专利权的消灭而消灭。

韩国采用外观设计实质审查制度和对一些特定物品的外观设计非实质性审查制度并行的方法，二者的外观设计权利效力相同。

外观设计实质审查制度，与美国、日本的实质审查制度相似，都需要对申请注册的外观设计的实用性、新颖性、创造性、扩大的先申请原则等授权要件进行全部审查之后决定是否授权。

外观设计非实质性审查制度，是 1998 年 3 月 1 日韩国修改外观设计注册法时增加的审查制度，是指对规定的形式审查登记对象进行简单的审查而给予登记的制度。审查员仅进行形式上的审查及是否扰乱公共秩序或公德的审查。适用的对象是寿命周期较短的产品，例如：衣物、包装纸、包装容器、纺织物等。

申请时，对视图的要求相对宽松，如果产品设计要点以及外观设计的整体结构清晰，申请人只需提交两幅以上的图片即可，并且无须是正投影视图。

在分类体系方面，韩国主要采用本国外观设计分类体系进行分类，在标注时，附以国际外观设计分类号。

与其他国家相比，韩国有其独特的外观设计保护制度，如下所述。

（1）复数外观设计专利申请制度。在外观设计非实质性审查制度中，对大类相同的物品允许 20 个以内的外观设计以一个外观设计申请的方式提出的制度。复数外观设计的每个外观设计都产生权利，每个外观设计都可以进行放弃、转移、消灭、非审查注册异议请求、无效宣告、权利范围确认审判。

（2）异议申请制度。对于非实质性审查的外观设计申请，由于审查员仅对一部分授权要件进行审查，因此其权利存在不稳定的因素，可能会造成权利人滥用权利，因此韩国采用异议制度。任何人都可以在非实质性审查的外观设计注册公告之日起 3 个月内，对被认为符合外观设计异议请求理由的外观设计提出异议申请。如果是复数外观设计权，可以就每一个外观设计提出异议申请。之后经合议组审理，作出维持或取消外观设计权、驳回异议请求等决定。

（3）类似外观设计制度。以自己申请或已授权的外观设计为基础，做变形后产生的外观设计，可以类似外观设计的方式受到保护。类似外观设计注册的效力与基本外观设计专利权合为一体。类似外观设计与基本外观设计必须共同转让，基本外观设计的无效或者权利灭失也会相应导致类似外观设计的无效和权利灭失。被控侵权产品的外观设计不能仅与相似外观设计相似，必须与基本设计相似，否则不侵权。

（4）部分外观设计制度。即对物品的形状、构造、色彩或其组合的外观设计的一部分进行注册的制度。申请部分外观设计的物品，必须是独立的物品，请求部分设计保护的必须为物品的一部分，必须与其他设计存在对比对象，必须明显区别想要申请的部分，成套物品不能成为部分外观设计的申请对象。物品的名称只能是申请外观设计的整个物品名称，不能是部分外观设计所针对部分的名称。在韩国常见的部分外观设计产品包括手机的按键，电子产品的显示屏等。

（5）成套物品外观设计制度。韩国外观设计采用了一项外观设计一项申请的制度。但对同时用于一套物品、有全体统一性的外观设计，允许以一件申请提出。成套物品外观设计的条件是：必须为成套出售的物品；必须同时使用；必须有成套物品的统一性；必须为规定的物品，规定之外的物品即使有属于成套物品的范围，也不能注册授权。成套物品申请一般不能提出分案申请，只有该申请不能满足成套物品的成立条件时，才能提出分案。成套物品外观设计注册的效力与基本外观设计专利权合为一体，不认定部分侵权，不认定间接侵权。在成套产品的认定上，韩国明确限定为 86 类产品。

（6）保密外观设计制度。外观设计由于易仿造、易流行、周期短，因此在外观设计权利人的实施准备尚未完成的情况下，由于公布或公开，很可能因他人的仿造而失去权利人自身的利益。为此，韩国制定了在申请时申请人可以请求从注册之日起 3 年内不公告该外观设计从而使其处于保密状态的制度。保密外观设计请求只能由外观设计申请人提出，只有专利权人可以对保密时间的缩短和延长提出请求。保密期从注册之日起不能超过 3 年。

（7）转换申请制度。对于同一申请人的外观设计申请，申请人可以在单独外观设计申请和类似外观设计申请之间、实质审查申请和非实质性审查申请之间选择转换的制度。

（8）重新确定申请日制度。允许申请人重新确定申请日的制度。在外观设计注册后，如果外观设计注册申请人对外观设计说明、图片、图片的说明、申请所附的照片或样品做出了改变申请要点的修改；或将类似外观设计注册申请转换为单独外观设计注册申请，将单独外观设计注册申请转换为近似外观设计注册申请；或将非实质性审查外观设计的注册申请转换为实质审查外观设计注册申请，将实质审查外观设计的注册申请转换为非实质性审查外观设计注册申请，且上述修改被认为是改变了原始外观设计注册申请要点的，则提交修改之日被视为外观设计注册的申请日。

第二章　外观设计专利检索理论与策略

前一章主要介绍了世界主要国家或地区具有代表性的外观设计专利制度，本章则主要介绍外观设计专利检索的目的、理论知识与基本策略，使读者了解外观设计专利检索的法律依据、检索语言，能够对检索结果的相关性进行初步的评判，掌握基本的外观设计专利检索的方法和技巧。同时介绍了检索的资源和途径，使读者对外观设计专利检索有了一个初步的了解与认识。

第一节　外观设计专利检索概述

一、外观设计专利检索的定义

外观设计专利检索就是通过一定的检索入口，从特定范围内的专利文献或专利数据库中检索到与一定主题有关的专利文献或信息的行为。检索人员所使用的数据库及检索引擎不同，能够利用的检索入口也不同。对于社会公众而言，可以利用互联网相关网站的检索入口进入。

二、外观设计专利检索的目的

由于我国采用的是初步审查制度，只要该申请手续完备且符合法律规定的形式（不存在《专利法》及《专利法实施细则》规定的形式缺陷和明显实质性缺陷），就可以授予专利权，因此，这些专利是否都能获得完善的保护，是否存在与其申请日前相同或者实质相同或者没有明显区别的设计，还需要对专利权的稳定性进行评估。

需要对专利权的稳定性进行评估，就要对外观设计专利进行检索，专利权人除了委托专业的检索机构外，可以利用相关的检索资源进行自行检索，社会公众当然也可以利用检索服务资源掌握相关的专利信息，例如可以通过世界各国的知识产权机构在互联网上公开的官方网站进行检索，也可以通过专业的外观设计专利数据库进行检索。

除了对专利权的稳定性进行分析外，还可以通过检索达到以下目的：一是专利性分析，找出最接近的对比文献，将对比文献与目标外观设计专利/专利申请逐一进行对比分析。确定该专利与申请日之前的现有设计相比是否属于相同或者实质相同的设计，是否具有明显区别，并且是否会出现重复授权、抵触申请等情况。例如：在申请专利及申报国家各类奖项等活动之前，进行专利性分析；对已授权的专利进行专利性分析；对需要质押贷款的专利进行专利性分析；对作为技术投资的尚未授权的专利申请进行专利性评价。二是诉讼的需要，对某设计、某产品或某专利是否可能侵犯了他人的有效专利权进行分析，为应对侵权诉讼提供参考性意见。如项目申请或实施中所用设计是否侵犯他人专利权的分析；对专利技术交易过程中已经授权的专利是否侵犯他人专利权的分析。另外，对某设计、某产品或某专利是否可能被他人在后的有效专利权侵犯进行技术分析，为维护专利权提供参考性意见。如为避免发生专利纠纷而主动对某一新技术新产品进行的专利检索分析；应用专利无效检索进行侵权抗辩分析。

另外，对一项或某一领域外观设计专利/专利申请当前所处的状态进行检索，针对法律状态或者著录项目信息进行查询分析。通过对专利的申请数量和年代的统计分析，得出该领域设计的总体发展历程和发展趋势，还可以了解围绕该领域设计的申请人和设计人数量的历年变化情况，为全面掌握该领域设计的总体走向提供帮助；通过对专利申请人的申请数量、申请的领域分类、申请区域、申请年代等指标的统计，找出主要竞争对手，并获得主要竞争对手申请专利的年代范围、专利相对产出率、竞争力强弱、主要设计构成、设计重点、近期申请专利的活跃程度等信息，了解竞争对手在不同区域专利申请的数量及其申请保护策略。通过分析，可以为避免权利纠纷、要求专利许可、寻找合作伙伴、调整经营策略等方面提供有益帮助。

专利的地域性分析也是一个比较重要的方面，对某一项或某一领域外观设计专利/专利申请在各个国家和地区的申请情况进行检索，针对法律状态或者著录项目信息进行分析。如统计分析不同国家在我国提交专利申请的状况，得出哪些国家或地区在该领域占据优势地位，也可以据此判断我国与国外相比在该领域内的设计优势或劣势；统计分析某一领域外观设计专利在中国或世界范围获得专利的情况，得出该领域外观设计的走向、研发周期、专利池等情况，以及发现潜在的竞争对手或侵权的可能；统计分析某一领域内设计人的情况，找出该领域的主要设计人才，了解设计人的设计重点及其设计特长，为了解该领域发展方向、寻找优秀的研发伙伴及引进人才提供帮助。

专利检索得到的信息准确度越高,对专利战略制定的影响就越大。因此,社会公众更应当根据检索目的的不同,采用不同的检索策略,得出更为准确的外观设计检索信息。

三、外观设计专利检索的特点

(一)外观设计专利检索的特点

虽然各个国家或地区的外观设计制度不尽相同,对申请外观设计专利需要提交的文件要求也有所不同,但是总体来说,都包含了专利请求书和外观设计的图片或者照片,其中的图片或者照片应当清楚地显示要求保护的产品的外观设计。因此,在外观设计专利数据库中存储的信息主要是专利文献著录信息和图片信息。

(二)与发明专利、实用新型专利检索的比较

1. 发明专利和实用新型专利的检索与外观设计专利检索的相同点

检索都包含文字检索,都可以通过一定的文字检索入口(如分类号/关键词等)进行检索。需要注意的是,外观设计专利检索所使用的分类体系是国际外观设计分类(洛迦诺分类体系),与发明和实用新型的 IPC 分类体系不同。

2. 发明专利和实用新型专利的检索与外观设计专利检索的不同点

由于检索对象的表现方式有明显区别,发明专利和实用新型专利检索的对象主要是用文字表现出来的,外观设计专利检索的对象主要是用图片表现出来的,因此检索环境也明显不同。发明专利和实用新型专利检索采用的检索系统或互联网网站上的检索资源信息主要是基于文字检索技术来完成的,而外观设计专利检索采用的检索系统或互联网网站上的检索资源信息则需要通过批量显示专利视图以便与被检索专利进行比对。互联网上许多检索网站将外观设计专利与发明专利和实用新型专利混合在一起进行检索,没有批量显示专利视图这个功能。

四、外观设计专利检索方式

外观设计专利检索的资源包括通过纸件和电子形式公布的各国外观设计专利文献信息。纸件资源一般为纸质文档形式的外观设计专利公报,电子资源一般包括以计算机磁介质、光盘、互联网为载体的外观设计专利数据。由于电子版外观设计专利公报具有成本低、易于获取等优点,世界各专利审查机构已陆续停止出版纸件形式的专利公报。

在计算机还没有普遍应用到外观设计专利检索领域之前，外观设计专利检索主要的途径是纸件检索。纸件检索必须逐页逐本地手工翻阅《外观设计专利公报》进行检索，这种检索途径最不容易出错，最具有证据效力，但是其检索手段单一、检索效率低下、费时费力，而且由于印刷发行周期长，检索资源更新速度慢、频率低，很难检索到较新的外观设计专利。

随着计算机技术的发展和普及，外观设计专利检索实现了软件检索方式。软件检索通常包括缩微胶片式、计算机磁介质及光盘专利文献检索。其中光盘数据库在外观设计专利检索中发挥了重要的作用。光盘检索虽然较快，但是光盘检索的有限共享性限制了其使用范围，而且更新的速度也有一定的限制。随着网络技术的发展，互联网外观设计专利资源以其无可比拟的数据优势及检索方便快捷、不受时空限制等特点受到用户的青睐，成为社会公众进行外观设计专利检索的主要方式。世界各国知识产权局都将外观设计专利检索系统建设作为提高审查效率、促进专利信息利用和扩大国际影响力的手段，不断加大对互联网外观设计专利检索系统的投入，各检索系统也呈现出更加人性化、更加方便快捷的特点，互联网外观设计专利检索已逐步发展并成熟起来。外观设计的检索难点在于外观设计文献数量大，到 2013 年年底，仅中国国家知识产权局授权的外观设计专利就达 280 余万件。在检索时一般按照相同或者相近种类进行检索，而国际外观设计分类体系中的某些类别的外观设计专利数据量比较集中，从中国外观设计专利数据来看，授权量居前十位的小类占到总量的 40%，数据量大的类别已超过十万件外观设计专利，且各类别中数据相互干扰多，造成检索难度很大。

值得一提的是，进行外观设计专利检索时不能仅依据分类号、产品名称、简要说明等著录项目信息，而是需要逐件浏览外观设计图片或照片，对检索系统的便捷易用程度要求很高。新专利法实施以后，在判定专利侵权或无效时，还需要判定被检索专利是否由现有设计转用得到的或者由现有设计或现有设计特征组合得到的，即还需要进行跨类检索。简而言之，外观设计专利检索应充分利用现有检索资源，通过便捷高效的检索途径进行检索，同时不断学习和摸索检索理论和检索策略，以减轻外观设计专利检索的负担。

第二节　外观设计专利检索的理论知识

外观设计专利检索是一项技术含量比较高的工作，进行每一次检索任务时都是带有明确目的或者是任务目标的，但是仅仅有明确目的还不够，还需要根据检索目的确定产品类别、公开时间等检索范围，还需要分析检索结果与被检索对象的相关性。因此，有必要了解外观设计专利检索的法律依据以及外观设计专利检索语言的基本知识，不能盲目地进行检索。

一、外观设计专利检索的法律依据

在进行外观设计专利检索时，涉及的法律条款主要有两条，即《专利法》第 9 条和第 23 条。

（一）《专利法》第 9 条

同样的发明创造只能授予一项专利权。两个以上的申请人分别就同样的发明创造申请专利的，专利权授予最先申请的人。在判断是否构成《专利法》第 9 条所述的同样的发明创造时，应当以表示在两件外观设计专利申请或专利的图片或者照片中的产品的外观设计为准。同样的外观设计是指两项外观设计相同或者实质相同。

（二）《专利法》第 23 条

授予专利权的外观设计，应当不属于现有设计；也没有任何单位或者个人就同样的外观设计在申请日以前向国务院专利行政部门提出过申请，并记载在申请日以后公告的专利文件中。

授予专利权的外观设计与现有设计或者现有设计特征的组合相比，应当具有明显区别。

授予专利权的外观设计不得与他人在申请日以前已经取得的合法权利相冲突。

本法所称现有设计，是指申请日以前在国内外为公众所知的设计。

《专利法》第 23 条是外观设计专利的专利性条件的规定，是进行外观设计专利检索的一条重要法律依据，对于检索的范围及时间以及判断标准等有明确的规定。

二、外观设计专利检索语言

外观设计专利检索语言是人们在加工、存储及检索外观设计专利时所使用的标识符号，也就是一组有规则的、能够反映出外观设计专利内容及特征的标识符。标引人员根据外观设计专利的内容特征，依据检索语言的规则对外观设计专利进行标引，将其整理、加工、存储于检索系统中。同时，检索人员根据需要检索的外观设计专利内容特征，依据检索语言从检索系统中获取所需信息。所以，检索语言是标引人员与检索人员之间进行交流的媒介，也是人与检索系统之间进行交流的桥梁，实质上就是双方之间约定的共同语言。这种在外观设计专利检索中用来联系信息与用户需求的"语言"，就是外观设计专利检索语言。所以，外观设计专利检索语言是适应外观设计专利检索的需要，并为外观设计专利检索特设的专门语言。对于公众来说，外观设计专利文献信息的收集、加工、组织、存储，都已经由政府相关机构或者组织完成，并且提供了各种各样的检索系统，进行外观设计专利检索需要做的就只是了解外观设计专利文献信息的特征标识以及检索语言（如分类语言、信息组织标准等），以便最终能够获取想要的结果。因此，在了解世界主要国家或地区外观设计专利制度的基础上，还需要了解一些进行外观设计专利检索时所必须掌握的检索语言。

（一）外观设计专利检索分类语言

外观设计专利检索的分类语言是用分类号来表达外观设计专利文献主题概念，并按产品用途分门别类地将外观设计专利文献系统组织起来的语言。分类号是外观设计专利文献分类管理的标记，也是进行外观设计专利检索的重要入口。庞大的专利文献数据需要体系分明的分类系统进行管理，一个良好的分类体系可以将数据进行有序的归类、整理。目前专利数据的管理主要依据公告卷期号、申请号、分类号，我国的专利公报按年度周次出版，每期外观设计专利公报中的专利依分类号顺序排版，相同分类号的专利依申请号顺序排版。

我国外观设计分类从1985年开始，一直依据《国际外观设计分类表》进行分类。《国际外观设计分类表》从1968年制定至今，其在国际上使用时间已超过40年，该分类表每5年修订一次，每次的修订均由洛迦诺成员国派出的专家审议决定。该分类表依据产品的用途，采用两级分类制。即由大类和小类组成，用阿拉伯数字按顺序标号。我国现使用的《国际外观设计分类表》，分为32个大类和219个小类，共包括7000多个产品项。

分类号作为外观设计专利检索的关键要素，在进行外观设计专利检索时如何熟练准确地使用分类号直接影响到检索工作的效率和质量。特别是《国际外观设计分类表》不断在进行修订，应注意各个不同版本之间的类别变化，以免出现漏检的情况。

（二）外观设计专利信息组织标准

外观设计专利文献与其他文献一样，为了进行检索和利用，都要依据一定的信息组织标准，对表示文献内容的特征进行分析、选择和记录，形成著录项目，如产品名称、设计人、优先权信息等。外观设计专利检索主要是通过表示专利信息特征的著录项目进行的，通常把可以用于检索的著录项目称为检索入口。各国外观设计专利的检索入口不尽相同，为了消除外观设计专利检索用户在检索各国外观设计专利时的语言困惑，WIPO 制定了标准《ST. 80 关于工业设计著录项目数据的建议》，规定了外观设计专利文献著录项目识别代码，即 INID❶ 码。因此，了解 WIPO 关于外观设计专利文献标准对于熟悉不同国家的检索入口有着重要的作用。

表 2 - 1　外观设计文献中使用的 INID 代码

代码	含　义
1	INID 代码的（10）系列。注册/延期数据，具体如下
11	注册号和/或工业品外观设计文献号
12	文献类型释义
14	与最初注册号码有别的续展文献号
15	注册日期/续展日期
17	注册有效期/续展有效期
18	注册有效期届满日/续展有效期届满日
19	WIPO 标准 3 制定的国家代码或公布专利文献机构的其他标识
2	INID 代码的（20）系列，申请数据，具体如下
21	申请号
22	申请日期
23	工业品外观设计首次展出的展览会名称、地点和日期（展览优先权数据）
24	工业品外观设计权利开始生效日
27	申请或保存的类型（开放的/封闭的）
28	列入申请案的工业品外观设计号
29	工业品外观设计申请提交的形式，如复制品或实际使用的形式
3	INID 代码的（30）系列，巴黎公约的优先权数据，具体如下
31	优先申请号
32	优先申请日期
33	优先申请国家
4	INID 代码的（40）系列，信息的公知日期，具体如下
43	未经审查的工业品外观设计以印刷或类似方法公布或提供公知的日期
44	经过审查但尚未注册的工业品外观设计以印刷或类似方法公布或提供公知的日期

---

❶　INID 是国际承认的著录项目数据识别代码 Internationally Agreed Numbers for the Identification of（bibliographic）Data 第一个字母的缩写。

续表

代码	含 义
45	已注册的工业品外观设计以印刷或类似方法公布或提供公知的日期
46	延长期限届满期
5	INID 码的（50）系列，其他信息，具体如下
51	工业品外观设计国际分类（洛迦诺分类）
52	国家分类
53	某一多客体申请或多客体注册的外观设计中一件或多件外观设计的标识
54	包含工业品外观设计的制品或产品的释义，或工业品外观设计的名称
55	工业品外观设计（如图片或照片）再现以及对再现的解释
56	单独列出的对比文献清单
57	工业品外观设计实质性特征包括色彩的说明
58	注册簿中任何一种变更的日期记录（如权利持有人变更、姓名或地址变更、国际保存驳回、保护期终止）
6	INID 代码的（60）系列，其他具有法律关系的申请引证以及注册保护证书，具体如下
62	申请号、申请日期、注册号或文献号，当前文献为其分案申请
66	当前样品另一方案的申请号或工业品外观设计注册号
7	INID 码的（70）系列，与申请或注册方有关的标识，具体如下
71	申请人姓名及地址
72	设计人姓名
73	权利持有人姓名及地址
74	代理人姓名及地址
78	权利变更时的法律继承人姓名及地址
8	INID 码的（80）系列，根据工业品外观设计国际保存海牙公约与工业品外观设计国际保存有关的数据，以及与其他国际公约有关的数据，具体如下
81	根据 1960 年法的指定国
82	根据 1934 年法的成员国
84	根据地区公约制定的缔约国
86	权利持有人国籍
87	权利人居住地或所在地
88	权利人拥有工商营业或销售企业的国家

例如，在检索时发现某项著录项目信息前标注了（72）字样，即表明该项著录项目表示的是设计人姓名，这样极大地方便了不同的外观设计专利检索系统的著录项目的识别。其中，（51）外观设计国际分类用于标识产品外观设计的国际分类号。以外观设计国际分类号在中国《外观设计专利公报》中的表示方法为例：采用洛迦诺国际外观设计分类表中的大类号和小类号，大类号和小类号之间用半字线"－"分开，大类号和小类号均采用两位阿拉伯数字（1 至 9 数字不足两位，前加 0），大类号和小类号前加"LOC（n）Cl."表示。n 为分类时使用的洛迦诺国际外观设计分类表的版本号。如果同一外观设计有多个分类号时，则使用分号"；"分隔大类，使用逗号"，"分隔小类。如（51）LOC（8）Cl. 08－05，08；11－01 表示，该外观设计专利的国际分类号为洛迦诺分类第 8 版 08－05 和 08－08 以及 11－01 类。

（三）检索涉及的基本逻辑运算

在进行外观设计专利检索时，一般需要进行各检索入口之间的联合检索，即逻辑运算。各检索入口之间常见的逻辑运算符有三种："OR""AND"和"NOT"。每种逻辑运算符的含义可以参考表 2 – 2。

表 2 – 2　基本逻辑运算图示

逻辑运算符	说　　明	图　示
OR	要求满足 A 条件或 B 条件或同时满足 A 和 B 条件； 用于组合具有同义或并列关系的概念，用运算符号"OR"或"＋"，表示两个检索入口任一项出现在一条记录中； 检索式为：A OR B 或 A＋B	
AND	要求同时满足 A 条件和 B 条件； 用于组合具有交叉和限定关系的概念，运算符号为"AND"或"＊"； 检索式为：A AND B 或 A＊B	
NOT	要求满足 A 条件但是不能包含 B 条件； 用于排除某种概念的组合，用运算符号"NOT"或"－"表示； 检索式为：A NOT B 或 A－B	

"OR""AND""NOT"逻辑运算符既可用于两个以上检索入口之间的逻辑组合，也可用于同一检索入口多个检索条件的逻辑组合。一般来说，优先执行顺序为 NOT、

AND、OR，但可根据需要，用括号改变执行顺序。

检索者可以依据自己手中所掌握的信息，通过提供的检索入口，进行任意组合搭配的逻辑运算，可以精确地达到检索目的。需要注意的是，各国具体检索入口的逻辑运算规则略有差异。

三、外观设计专利判断标准

对于检索出来的对比文件，除了时间、类别等条件需要满足要求，最重要的是相关度评判，即对检索出来的对比文献与被检索对象进行判断，评判其与被检索对象相比，是否相同、实质相同或者不具有明显区别。

（一）评判的内容

1. 判断客体

在进行检索结果相关程度评判时，将进行比较的对象称为判断客体，包括被检索对象和与其进行比较的对比设计。

在确定判断客体时，对于被检索对象，除应当根据表示该外观设计的图片或者照片进行确定外，还应当根据相关文字说明等内容加以确定。

2. 判断主体

在进行检索结果相关程度评判时，应当基于被检索对象所涉及领域的一般消费者的知识水平和认知能力进行评价。即判断主体为一般消费者。

在这里要注意的是，这里指的一般消费者并不是一个固定的群体，而是不同种类的产品具有不同的消费者群体。作为某领域外观设计产品的一般消费者应当具备下列两个特点：

一是一般消费者应对被检索对象相同或者相近种类产品的外观设计及其常用设计手法具有常识性的了解。常用的设计手法包括设计的转用、拼合、替换等类型。例如，对于汽车，其一般消费者应当对市场上销售的汽车以及诸如大众媒体中常见的汽车广告中所披露的信息等有所了解。

二是一般消费者应对外观设计产品之间在形状、图案以及色彩上的区别具有一定的分辨力，但不会注意到产品的形状、图案以及色彩的微小变化。

3. 现有设计

根据《专利法》第 23 条第 4 款的规定，现有设计是指申请日（有优先权的，指优先权日）以前在国内外为公众所知的设计。

现有设计包括申请日以前在国内外出版物上公开发表过、公开使用过或者以其他方式为公众所知的设计。现有设计的时间界限是申请日，享有优先权的，则指优先权日。其公开的方式包括以下几种：出版物公开（包括互联网公开）、使用公开、以其他方式公开（如电视、电影公开等）。

现有设计中一般消费者所熟知的、只要提到产品名称就能想到的相应设计，称为惯常设计。例如，提到包装盒就能想到其有长方体、正方体形状的设计。

现有设计包括现有设计的各设计要素或其结合，以及现有设计的各组成部分的设计，如现有设计的形状、图案、色彩要素或者其结合，又如整体外观设计产品中零部件的设计。

4. 产品的种类

在我国，被检索对象与对比设计进行检索结果相关程度评判时，有一个必须满足的前提是被检索对象与对比设计是相同或者相近种类产品的外观设计。因此在进行外观设计专利检索时，如何确定产品的种类是必须要重点考虑的问题。

在确定产品的种类时，可以参考产品的名称、国际外观设计分类以及产品销售时的货架分类位置，但是应当以产品的用途为准。

相同种类产品是指用途完全相同的产品。例如机械表和电子表尽管内部结构不同，但是它们的用途是相同的，所以属于相同种类的产品。

相近种类的产品是指用途相近的产品。例如，玩具和小摆设的用途是相近的，两者属于相近种类的产品。

多用途产品，如果其中部分用途相同，而其他用途不同，则二者应属于相近种类的产品。如带 MP3 的手表与手表都具有计时的用途，二者属于相近种类的产品。

5. 判断的方式

除《专利法》第 23 条第 2 款中转用和组合的判断外，其余的判断（外观设计相同、实质相同、与相同或者相近种类产品现有设计对比）均使用以下判断方法：单独对比（一对一进行对比）；直接观察（必须通过肉眼观察，而不能借助显微镜等仪器进行观察）；仅以产品的外观作为判断的对象；整体观察、综合判断。

（二）外观设计相同的判断

外观设计相同的判断前提是被检索对象与对比设计是相同种类产品的外观设计。

一般而言，外观设计相同指被检索对象的全部外观设计要素与对比设计的相应设计要素相同。

另外，如果被检索对象与对比设计仅属于常用材料的替换，或者仅存在产品功能、内部结构、技术性能或者尺寸的不同，而未导致产品外观设计的变化，二者仍属于相同的外观设计。

（三）外观设计实质相同的判断

外观设计实质相同的判断前提：被检索对象与对比设计是相同或者相近种类产品的外观设计。

如果被检索对象与对比设计的区别在于施以一般注意力不能察觉到的局部的细微差异，或者是使用时不容易看到或者看不到的部位，或者将某一设计要素整体置换为该类产品的惯常设计的相应设计要素，或者将对比设计作为设计单元按照该种类产品的常规排列方式作重复排列或者将其排列的数量作增减变化，或者两者互为镜像对称等，可以认为二者的外观设计实质相同。如宽高比例不同的垃圾桶的区别在于施以一般注意力不能察觉到的局部的细微差异，可以认为两者实质相同。

需要注意的是，有证据表明在不容易看到部位的特定设计对于一般消费者能够产生引人瞩目的视觉效果的情况除外。

（四）不具有明显区别的判断

被检索对象与现有设计或者现有设计特征的组合相比不具有明显区别是指如下三种情形：第一，被检索对象与相同或者相近种类产品现有设计相比不具有明显区别；第二，被检索对象是由现有设计转用得到的，二者的设计特征相同或者仅有细微差别，且该具体的转用手法在相同或者相近种类产品的现有设计中存在启示；第三，被检索对象是由现有设计或者现有设计特征组合得到的，所述该现有设计与被检索对象的相应设计部分相同或者仅有细微差别，且该具体的组合手法在相同或者相近种类产品的现有设计中存在启示。应当注意，上述转用和/或组合后产生独特视觉效果的除外。

（五）成套、组件产品的判断

1. 成套产品的外观设计或者同一产品两项以上的相似外观设计

对于成套产品外观设计或者同一产品两项以上的相似外观设计，需对每一项外观设计进行单独判断，检索时，也应该针对每一项外观设计进行单独检索。

2. 组件产品

对于组装关系唯一的组件产品应当以组合状态下的整体外观设计为对象，而不是以所有单个构件的外观为对象进行判断。检索时，也应针对整体外观设计进行检索，无须对单个构件进行检索。

对于组装关系不唯一或者无组装关系的组件产品，应当以所有单个构件的外观为对象进行判断。检索时，应针对所有单个构件进行检索。

第三节　外观设计专利检索的基本策略

　　检索策略是根据被检索对象特点而制定的检索基本原则和方法。在进行外观设计专利检索之前，首先要做的事情就是要确定检索的目的，然后再认真理解被检索对象，仔细分析图片或者照片，认真阅读文字说明，确定检索的产品领域，选定数据范围，明确检索思路，这样才能尽快得出检索结果。

一、分析被检索对象

（一）确定检索的时间界限

　　根据外观设计专利检索的目的，可以将外观设计专利检索分为查新检索、无效检索、侵权检索、专题检索等类型。根据不同的检索类型，其所涉及的时间界限是有所区别的，表 2－3 中列出各种不同检索类型所涉及的时间界限。

表 2－3　不同检索类型的时间界限

类　型	定　义	时间界限
查新检索	对已申请但尚未授权的设计，或尚未申请专利的设计方案进行检索	当前的所有公开专利或申请日前的所有公开专利
无效检索	对已授权的专利进行检索，用以无效他人的专利，判断被无效的可能性	该专利申请日前公开的所有专利
侵权检索	指定的外观设计是否侵犯他人的外观设计专利权	该设计公开日之前公告的外观设计专利，需要核实对比专利的法律状态
专题检索	检索委托产品领域的现有设计状况	当前特定行业设计的所有专利

　　一般来讲，外观设计具有一定的时代性，不同的时间流行不同的设计，因此，理论上可能作为对比文件的在先专利的申请日与本专利的申请日一般不会相差太久。因此，可以先从最有可能的年份入手，通过年份划分后，每次检索结果的数量会减少，可以节约检索时间，便于找到合适的对比文献。

（二）确定检索时使用的分类号

　　由于《国际外观设计分类表》每 5 年修订一次，从 1985 年 4 月 1 日至今，我国分别翻译并使用了《国际外观设计分类表》第 4 版、第 6 版、第 7 版、第 8 版、第 9 版和第 10 版。所以针对同一产品，依据不同版本分类表所给出的分类号会有所差异，另外不同国家的分类习惯也存在差别，检索时，检索人员不仅应关注被检索对象所在的分类号，还应考虑其历史分类位置以及相近种类产品可能存在的分类位置。例如，检索产品名称为床的外观设计时，由于其分类位置在《国际外观设计分类表》第 8 版中由原第 7 版的 06 - 01 调整到 06 - 02，因此需要同时检索 06 - 01 和 06 - 02 两个小类。

在实际的检索过程中，在确定产品的种类时，如果遇到没有把握的情况，一般可以通过产品名称检索该类产品可能属于的类别，再确定其分类号。

（三）确定检索时使用的产品名称

检索时所使用的产品名称对于提高检索效率和检索结果的准确度有非常重要的作用。

由于外观设计专利一般都会给出详细而准确的产品名称，有时还会在产品名称中注明型号、设计要素、用途等额外的信息，检索时，如果能合理地使用产品名称，利用这些额外的信息，就可以有效地排除无用的干扰，提高检索效率，快速地检索到合适的对比文件。

以检索产品名称为"链条锁"的外观设计为例，如果仅以检索时间和分类号加以限定进行检索，需要大量的时间才能找到对比文件。而限定产品名称为"链条锁"，则符合条件的检索结果数量很少，若检索结果中未能找到需要的对比文件，才需要进一步扩大检索范围，例如限定产品名称为"锁"进行检索。

需要注意的是，并不是所有的检索都适用于产品名称限定的方法，由于地域差异、文化习惯等不同，同一外观设计的产品名称存在多样性，例如手机也可称为移动电话、大哥大、移动通信工具、手持装置、便携式电话等。在这种情况下，可以利用产品名称排除无关专利文件，提高检索效率。例如需要检索产品名称为"数码录音笔"的外观设计，其所属类别为 14 - 01 类，明显和该类的"麦克风、喇叭、扬声器、耳机、磁盘、影碟机、DVD、录像机"的外观设计不同，因此可以在产品名称检索入口中将上述产品排除（使用逻辑运算符"NOT"），以大大减少检索的工作量。

二、确定检索思路

（一）基本原则

1. 综合运用原则

外观设计专利检索的目的不一，类型多样，所使用的检索资源也各不相同，不同的产品所涉及的相同和相近种类也各有特点，其检索思路必定不会相同，要有选择、有针对性地确定检索思路，综合运用各种检索策略，而不是"一刀切"地仅靠一种检索思路解决问题。

2. 效率优先原则

进行外观设计专利检索，同样要注重效率优先原则，达到快速、准确、全面的检索要求。在检索时尽可能地缩小检索范围，减少检索数据量，避免检索出过多无关内容，同时要保证检索结果准确、全面，以最低的付出获取最佳的信息。

3. 动态调整原则

在遇到检索结果不理想时，需要通过人机对话的方式不断调整、修改检索策略，尽量减少漏检和误检，提高查全率和查准率。同样，在检索过程中如果已经获得所需信息时，也可以终止检索。

（二）试探性检索

在对被检索对象进行认真分析的基础上，建议选取最关键的、最有可能得出检索结果的著录项目和关键词进行检索，即第一遍为试探性的检索。

试探性检索可选取产品名称中的关键词、分类号、日期进行检索，例如上文提到的"链条锁"案例，如果最开始能够直接以"链条锁"作为产品名称的关键词，则比较容易且迅速地得到想要的检索结果。

试探性检索也可以选取与被检索对象相近的日期范围、专利权人竞争对手范围等进行试探。

（三）渐进式检索

一般来说，试探性检索在很多情况下并不能找到理想的检索结果，因此需要在检索的过程中查找试探性检索可能存在的问题，逐步扩大检索范围。

渐进式可以通过在产品名称中去掉关键词或者更换关键词进一步完善检索范围。例如上文提到的"数码录音笔"案例，可以排除 14 – 01 类别中产品名称为"麦克风、喇叭、扬声器、耳机、磁盘、影碟机、DVD、录像机"等的专利。

渐进式也可以扩大分类号的范围。通过检索与之相近的种类，逐步扩大检索范围。扩大性检索也是排除性检索，即在已排除了试探性检索范围的基础上进行。

需要注意的是，检索策略应当是灵活多变的，需要根据不同类型的产品特点以及检索系统本身的特点制定相应的检索策略。

第三章 中国外观设计专利的检索

目前，在互联网上很多网站都可以实现中国外观设计专利文献的检索服务，其中大部分是免费的，或者仅需要注册用户后即可享有免费检索服务。这些检索网站通常利用发明名称或者外观设计产品名称、申请号、公开号、申请人、设计人或者发明人、分类号等著录项目实现检索专利的目的。本章主要介绍中国几个主要的外观设计专利检索的途径和数据库资源。

中国的数据库主要有：

（1）中国专利公布公告系统（http://epub. sipo. gov. cn/）；

（2）中国国家知识产权局的"专利检索与服务系统"（http://www. pss-system. gov. cn）；

（3）中国专利信息中心（http://www. cnpat. com. cn/）的"专利之星检索系统"（http://search. patentstar. com. cn）；

（4）中国台湾专利 TWPAT 网站检索（http://webpat. tw/WEBPAT/WebpatDefault. aspx）。

（5）中国香港特别行政区知识产权署的网上检索系统（http://ipsearch. ipd. gov. hk/）；

第一节 中国国家知识产权局中国专利公布公告系统

该系统的数据库收集了 1985 年 9 月 10 日以来公布的全部中国专利信息，包括发明、实用新型和外观设计三种专利的著录项目及摘要，并可浏览到各种说明书全文及外观设计片等文件。数据随每周三中国专利公报出版而及时更新。

通过在浏览器中输入网址：http://epub. sipo. gov. cn，进入中国专利公布公告系统的检索主页。

图 3 – 1　中国专利公布公告系统检索主页

一、专利公布公告检索

单击图 3 – 1 中专利公布公告，即可进入网站主页提供专利检索的高级查询快速入口（见图 3 – 2），选择申请（专利）号、申请日、公开（公告）号、公开（公告）日、申请（专利权）人、发明（设计）人、名称、摘要、主分类号其中之一进行单一条件的简单搜索。其中名称即外观设计专利的产品名称，摘要即外观设计专利的简要说明。

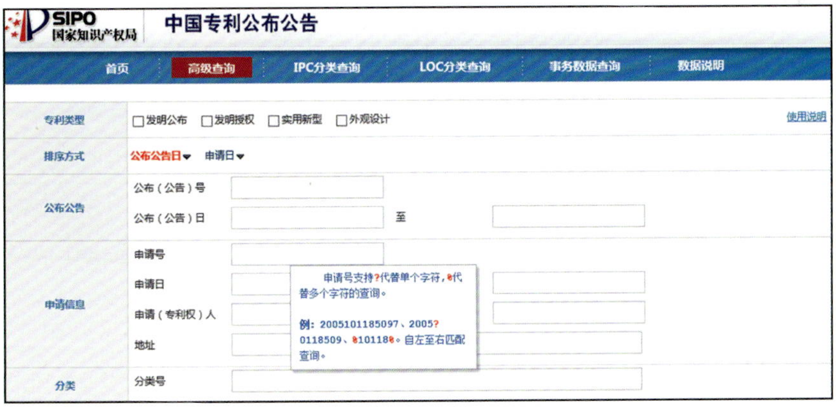

图 3 – 2　专利公布公告查询入口

简单检索支持模糊检索：模糊字符"%"表示字符内容和字符个数均任意。

例如，选择申请（专利）号，输入申请号：200530108043.3，单击搜索后得到结果如图 3-3 所示。

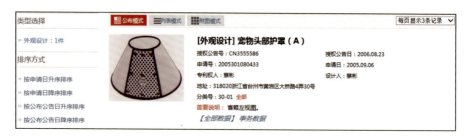

图 3-3 简单检索结果——申请（专利）号

又如检索产品名称中含有"宠物"的专利，选择名称，输入"%宠物%"，有公布、列表和附图三种模式供选择，那么仅选择列表模式，搜索后得到结果如图 3-4 所示。

类型选择	公布模式	列表模式	附图模式		每页显示10条记录
	序号	申请号	申请（专利权）人	发明（设计）名称	
» 发明公布：962件	1	2013101215557	上海电机学院	智能宠物服务房	
» 发明授权：274件	2	2013101765307	高鸿立	一种新型宠物食用注塑骨制作方法	
» 实用新型：2604件	3	201310167564X	无锡市泰安区科技创业服务中心	一种自动宠物洗澡机	
» 外观设计：4920件	4	2013102962887	陈同星	节水模宠物剪爪洗洗剧	
	5	2013102806855	长兴俊达塑胶玩具有限公司	一种宠物直立行走练习器	
排序方式	6	2013102620095	无锡商业职业技术学院	一种基于GPRS的远程宠物喂食器	
» 按申请日升序排序	7	2013102331362	江苏中恒宠物用品股份有限公司	折叠宠物尿垫夹	
» 按申请日降序排序	8	2013102829166	张义兵	门洞宠物阻挡板	
» 按公布公告日升序排序	9	2012105251971	大连九星科技有限公司	一种性高宠物自动喂食机	
» 按公布公告日降序排序					

图 3-4 简单检索结果——名称

如图 3-4 所示，高级搜索中在使用关键词进行检索时默认在三种专利数据库中都进行检索，包括发明公布、发明授权、实用新型和外观设计。我们可以单击顶部三种专利数据库分别统计的结果，如果单独选择外观设计专利的检索结果，如图 3-5 所示。

类型选择	公布模式	列表模式	附图模式		每页显示10条记录
	序号	申请号	申请（专利权）人	发明（设计）名称	
» 外观设计：4920件	1	2012305070040	弗莱克西-博格丹技术有限两合公司	可伸缩宠物牵引带的壳体	
	2	2013300466370	邓小虎	宠物训练器	
排序方式	3	2013300810698	苗爱敏	爬行宠物UVB+UVA3.0卤素灯	
» 按申请日升序排序	4	201330036304X	苏州锦华宠物用品有限公司	宠物肚兜	
» 按申请日降序排序	5	2013300311914	江苏东方创意文化产业有限公司	宠物玩具	
» 按公布公告日升序排序					

图 3-5 检索结果——名称（外观）

使用者可以选择其中一个或者多个检索字段输入相应的内容，有些字段还可以使用逻辑运算符和模糊字符。各字段之间全部为逻辑"与"运算。

例如，需要进行检索的是国际外观设计分类号属于06–01类，公开日期在2009年5月18日到2010年5月18日之间，产品名称中带有"椅子"的外观设计专利。

公布公告	公布（公告）号			
	公布（公告）日	2009.05.18	至	2010.05.18
申请信息	申请号			
	申请日		至	
	申请（专利权）人		发明（设计）人	
	地址			
分类	分类号	06-01		
文本	名称	椅子		✕
	摘要/简要说明			

图 3 – 6　检索条件

在高级检索界面中输入上述检索条件，单击"检索"。选择公布模式的选项，检索结果如图3–7所示。

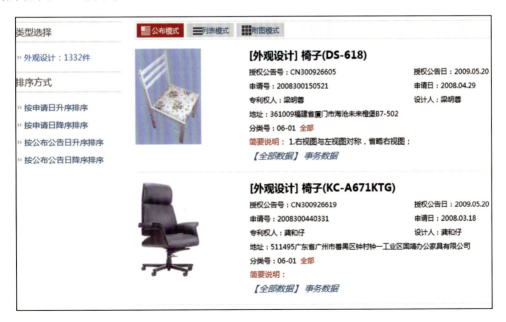

图 3 – 7　高级搜索结果列表浏览

二、法律状态检索

中国专利法律状态检索可以从专利事务入口进行查询，从申请（专利）号、法律状态公告日进行检索，可获得专利有效性信息包括公开、实质审查请求生效、审定、授权、专利权的主动放弃、专利权的自动放弃、专利权的视为放弃、专利权的终止、专利权的无效、专利权的撤销、专利权的恢复、保护期延长、专利申请的驳回、专利申请的撤回、专利权的继承或转让、变更、更正等。亦可通过输入法律状态进行申请（专利）号、法律状态公告日的反向查询。

示例：已知申请（专利）号为 200530108043.3，输入"200530108043.3"可以查询该专利的法律状态，如图 3 - 8 所示。

首页	高级查询	IPC分类查询	LOC分类查询	事务数据查询	数据说明

类型选择	事务数据查询结果列表			每页显示10条记录 ∨
》外观设计：2件	申请号	事务数据公告日	事务数据	
	2005301080433	2010.02.03	专利权的无效、部分无效宣告(专利权全部无效)	
排序方式	2005301080433	2006.08.23	授权	
》按申请号升序排序				
》按申请号降序排序				
》按事务数据公告日升序排序				
》按事务数据公告日降序排序				

图 3 - 8　法律状态检索结果显示

三、输入格式汇总

该检索系统提供了申请（专利）号、名称、摘要、地址、分类号等字段的检索入口，并且在多个字段支持模糊检索。其中，字符"?"（半角问号），代表 1 个字符；模糊字符"%"（半角百分号），代表 0 ~ n 个字符。

（一）申请（专利）号、公开（告）号

申请号和专利号由 8 位或 12 位数字组成，小数点后的数字或字母为校验码。公开（告）号由 7 位或 8 位数字组成。申请（专利）号、公开（告）号可实行模糊检索。模糊部分位于起首或中间时应使用模糊字符"?"或"%"，位于末尾时模糊字符可省略。

下面举几个示例说明申请（专利）号、公开（告）号输入规则，如有一个线索是包含"0322"，那么可以输入 0322% 或 %0322%，会显示出结果 02360322.4，如果线

索是包含"91"和"33"，且"91"在"33"之前，可以输入%91%33，则会得到结果 200930191133.1。

（二）申请日、公开（告）日

申请日、公开（告）日由年、月、日三部分组成，各部分之间用圆点隔开；"年"为 4 位数字，"月"和"日"为 1 或 2 位数字。可输入内容 1999.10.05。

（三）申请（专利权）人、发明（设计）人

申请（专利权）人可为个人或团体，发明（设计）人为个人，键入字符数不限。申请（专利权）人、发明（设计）人可实行精确或者模糊检索。如想查询包含"水"字的内容，输入水后，可以查询到魁北克水电公司；如果想查询姓"丁"且包含"水"字的内容，可以输入"丁%水"，则可查到结果丁水文。

（四）地址

地址的键入字符数不限，地址可实行模糊检索。可按如表 3 - 1 所示规则进行。

表 3 - 1　地址输入规则

线索	可输入内容	结果示例
香港新界	香港新界	香港新界沙田大埔公路十二咪生物科技路二
邮编：100088	100088	
广西壮族自治区，白沙路	广西壮族自治区%白沙路	广西壮族自治区南宁市江南区白沙路南一巷 1 号新房 1 栋 1306 号

（五）产品名称

专利产品名称的键入字符数不限。专利产品名称可实行模糊检索，模糊检索时应尽量选用关键字，以免检索出过多无关文献。

表 3 - 2　名称输入规则

线　　索	可输入内容	结果示例
照相机	照相机	照相机
包含"汽车"和"座椅"，且"汽车"在"座椅"前	汽车%座椅	汽车座椅扶手
包含"袋"和"包装"	袋 and 包装	包装袋
包含"袋"或"包装"	袋 or 包装	包装箱，手提袋
包含"袋"，不包含"包装"	袋 not 包装	手提袋

（六）摘要（简要说明）

该检索入口是同时适用于发明或实用新型专利的专利摘要和外观设计专利的简要说明。该检索入口的键入字符数不限。专利摘要（简要说明）可实行模糊检索，模糊检索时应尽量选用关键字，以免检索出过多无关文献。

表 3 – 3　专利摘要（简要说明）输入规则

线　　索	可输入内容	结果示例
色彩	色彩	请求保护的外观设计包含色彩
包含"透明"和"色彩"，且"透明"在"色彩"前	透明%色彩	后视图透明无图案、色彩，省略后视图及其他视图
包含"色彩"和"透明"	色彩 and 透明	同时包括色彩和透明
包含"色彩"或"透明"	色彩 or 透明	色彩或者透明选其一
包含"色彩"，不包含"透明"	色彩 not 透明	包括色彩但不包括透明

（七）分类号、主分类号

外观设计专利申请的分类号可由《国际外观设计专利分类表》查得，键入字符数不限（字母不区分大小写）。同一专利申请中具有若干个分类号时，其中第一个称为主分类号。分类号、主分类号可实行模糊检索。

表 3 – 4　分类号输入规则

线索	可输入内容	结果示例
06 – 01	06 – 01	06 – 01
06 大类	06%	06 – 05
小类 99（杂项）	%99	06 – 99

（八）专利代理机构

专利代理机构的键入字符数不限，可实行模糊检索。

（九）代理人

专利代理人通常为个人。输入格式与发明（设计）人相同。

（十）优先权

优先权信息中包含表示优先权日、国别的字母和优先权号，优先权可实行模糊检索。

表 3 – 5　优先权输入规则

线　　索	可输入内容	结果示例
优先权日为 1994. 12. 28	1994. 12. 28	1994. 12. 28
优先权国别：日本	JP	JP 026409/2003
优先权号为 026409/2003	026409/2003	JP026409/2003
优先权国别：日本，且优先权号为 026409/2003	JP and 026409/2003	JP 026409/2003

第二节　中国国家知识产权局专利检索与服务系统

　　国家知识产权局历时近两年自主研发的专利检索与服务系统于 2011 年 4 月 26 日正式启动。该系统包含专利检索、专利分析、服务信息、互动交流 4 个子系统，其中检索系统有常规检索、表格检索等检索方式，拥有目前国内最完整、最丰富的专利文献数据资源。其中，外观设计专利文献数据保持与上节所述国家知识产权局官方专利全文专利公布数据库同步更新。

　　在国家知识产权局主页右侧单击"专利检索与服务系统"进入系统主页面或者在 IE 地址栏输入：http://www.pss-system.gov.cn 直接进入。

图 3 – 9　专利检索与服务系统主页

一、常规检索

常规检索界面介绍：选择主页面菜单中的"专利检索"，在专利检索页面中，默认显示（选择）"常规检索"，如图3－10所示，顶部选项卡依次为常规检索、表格检索、检索历史、文献收藏夹、多功能查询器、批处理管理和批量下载库。

图3－10　常规检索界面

用户可以按照检索要素、申请号、公开（公告）号、申请（专利权）人、发明人、发明名称等检索类型进行检索。检索条件是检索的必备条件，必须填写。执行检索后在检索结果列表中系统会显示检索结果的概要信息，在检索历史列表中显示此次检索的相关信息。

鼠标悬停在输入框的范围内时即显示输入规则提示框，如图3－11所示。

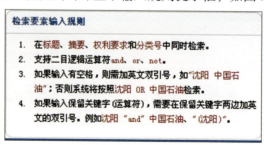

图3－11　检索要素输入规则

与中国专利公布公告系统相比，需要注意的是，用户选择"检索要素"检索项目时，系统将在摘要（简要说明）、关键词、权利要求和分类号中同时检索；用户输入一个中间带空格词组，则需要在词组两边加英文的双引号，系统会检索包含该词组的文献信息；如"汽车化油器"，否则系统将按照汽车 OR 化油器进行检索。用户输入保留关键字（即逻辑运算符 and、or、not），则需要在保留关键字两边加英文的双引号；如汽车"and"化油器。检索要素输入支持截词符❶：#（代表强制存在的字符，如空格）、+（代表任何长度的字符串）、?（表示一个或 0 个字符）。

二、常规检索输入联想辅助功能

（一）国家/地区/组织代码联想

用户在使用申请号或公开（公告）号检索时，系统会根据用户输入的内容弹出联想框辅助输入。

图 3 - 12　检索要素输入辅助提示框

（二）相似申请（专利权）人联想

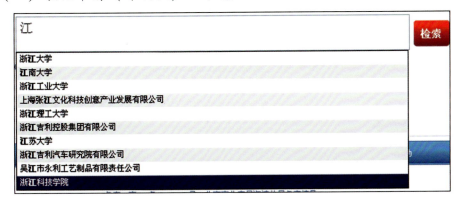

图 3 - 13　申请（专利权）人输入辅助提示框

---

❶　截词符，指截词检索中可用的运算符。截词检索就是用截断的词的一个局部进行检索，并认为凡满足这个词局部中的所有字符（串）的文献，都为命中的文献。

（三）相似发明人联想

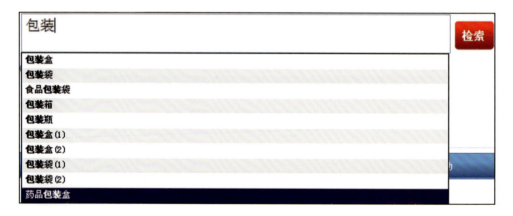

图 3 – 14   发明人输入辅助提示框

（四）相似发明名称联想

图 3 – 15   发明人输入辅助提示框

三、表格检索

（一）中外专利联合检索

选择主页面菜单中的"专利检索"，在专利检索页面中，选择"表格检索"，默认会进入中外专利联合检索页面，如图 3 – 16 所示。

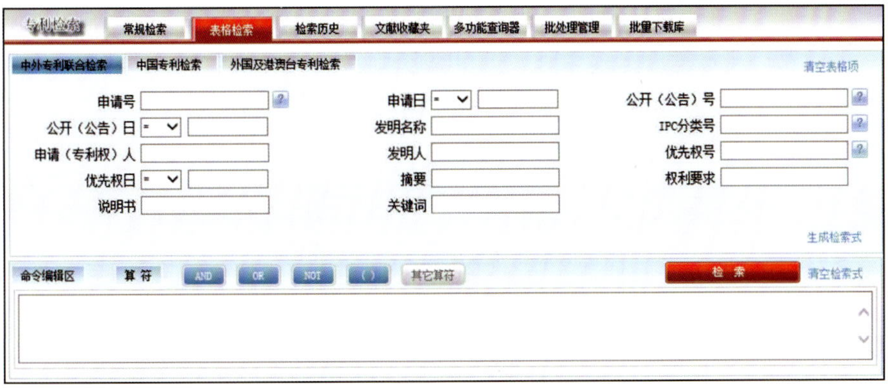

图 3 – 16　中外专利联合检索界面

检索页面上部蓝底色行设有 3 个检索数据库，分别是"中外专利联合检索""中国专利检索""外国及港澳台专利检索"。

在中外专利联合检索数据库下，设有 14 个检索字段：申请号、申请日、公开（公告）号、公开（公告）日、发明名称、IPC 分类号、申请（专利权）人、发明人、优先权号、优先权日、摘要、权利要求、说明书、关键词。

下部为检索式编辑区，包括常用运算符：AND、OR、NOT、（ ）和其他补充运算符，如图 3 – 17 所示。

图 3 – 17　检索运算符

用户根据需要依次在对应的字段内输入相应的检索信息，使用"生成检索式"功能，系统会根据用户输入的表格项信息，在"检索式"区域生成对应的检索式，用户在"检索式"编辑区可以手动编写检索式，可以使用鼠标单击检索表格项/算符来快速输入检索表格项名称/算符。

需要注意的是，手动编写的检索表格项名称要与生成的检索表格项名称相同，括号使用全角中文。

用户单击"检索"按钮，系统根据检索式进行检索，显示检索结果列表。

（二）外国及港澳台地区专利检索

如图 3 – 18 所示，外国及港澳台地区专利检索数据库与中外专利联合检索数据库界面、检索字段、方式相同。

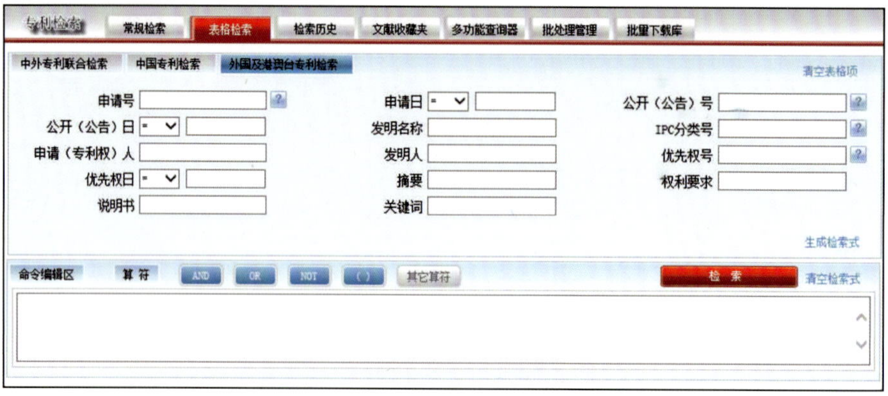

图3-18 外国及港澳台专利检索界面

（三）中国专利检索数据库

选择主页面菜单中的"专利检索"，在专利检索页面中，选择"表格检索"，进入表格检索页面，选择"中国专利检索"，进入中国专利检索页面，如图3-19所示，该界面较之另外两个数据库的界面增加了一些内容。

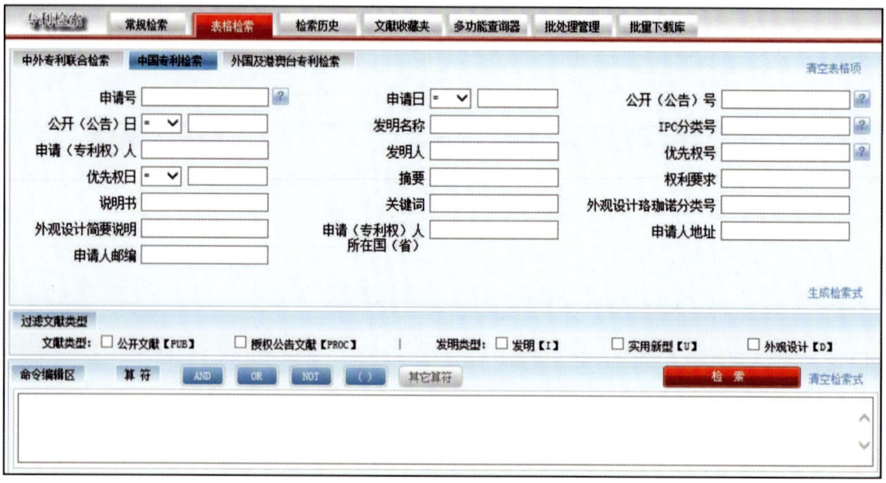

图3-19 中国专利检索界面

在检索字段栏目增加了外观设计简要说明和外观设计洛迦诺分类号。

在检索式编辑区上方增加过滤文献类型选项框。其中包括文献类型：公开文献【PUB】、授权公告文献【PROC】；发明类型：发明【I】、实用新型【U】、外观设计【D】。需要说明的是，外观设计不涉及提前公开，即对于外观设计专利检索只需要在发明类型中勾选外观设计【D】。

在检索式编辑区，用户可以手动编写检索式，具体操作流程与"中外专利联合检索"相同。用户单击"检索"按钮，系统根据检索式进行检索，显示检索结果列表。

四、检索结果浏览

使用常规或者表格检索后，检索结果会显示在检索结果列表页面中，以中国专利文献检索数据库为例。如图 3－20 所示。

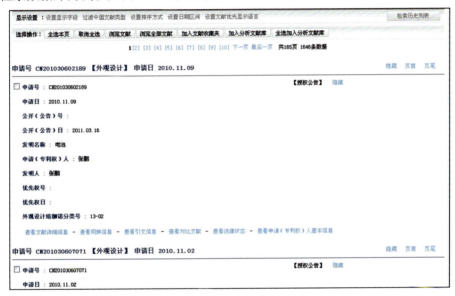

图 3－20　中国专利检索结果显示列表

（一）设置显示字段

图 3－21　设置显示字段

使用此功能，勾选外观设计洛迦诺分类号、外观设计简要说明等需要的字段以及去除 IPC 分类号、权利要求等不需要的字段，会对当前检索结果记录所显示的字段有显示（隐藏）的效果，可以直接将简要说明等外观设计特有的字段显示出来，如图 3－22所示。

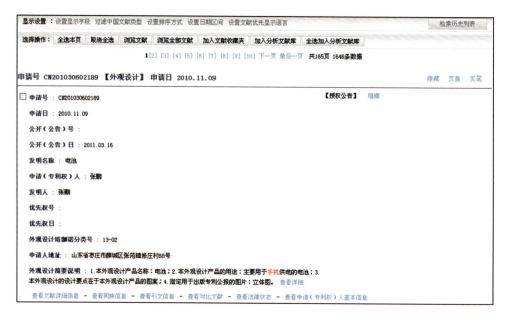

图 3 - 22　外观设计相关字段显示（隐藏）效果

（二）过滤中国文献类型

使用此功能，会对当前检索结果记录的文献（发明）类型有过滤的效果，有一个有效专利的复选框。勾选该选项，将自动过滤掉已经失效的专利文献。

图 3 - 23　过滤中国文献类型

（三）设置排序方式

使用此功能，会对当前检索结果记录按照申请日、公开（公告）日进行升（降）序的排序效果。

图 3 - 24　设置排序方式

（四）设置日期区间

使用此功能，会对当前检索结果记录以日期区间形式进行筛选，保留日期在区间内的记录。

图 3 – 25　设置日期区间

（五）设置文献优先显示语言

在使用常规检索或者表格检索中的中外专利联合检索数据库、外国及港澳台专利检索时，会对当前检索结果中申请号和公开（公告）号都相同的记录以显示语言为条件进行筛选，按照设置的显示语言顺序，优先显示排在前面的记录，并对后面的记录进行隐藏，如图 3 – 26 所示。

图 3 – 26　设置文献优先显示语言

（六）选择操作选项

选择操作包括全选本页、取消全选、浏览文献、浏览全部文献、加入文献收藏夹等选项。

使用"全选本页"，可以快捷地选中当前检索结果列表页面列出的全部记录。单击"取消全选"，则可以取消对全部记录的选择。

图 3 – 27　全选本页

在当前检索结果列表页面存在已选择的记录时，使用"浏览文献"功能，可以进入浏览文献页面，如图3-28所示。

图3-28 浏览文献页面

浏览全部文献功能可以默认选择当前检索条件下的全部记录，进入浏览页面。

需要注意的是，此功能对当前检索条件下的全部记录数量有限制，超过限制数量将不能进入浏览页面，如图3-29所示。

在当前检索结果列表页面存在已选择的记录时，使用加入文献收藏夹功能，可以将选择的记录加入文献收藏夹，匿名用户只有默认文献收藏夹，如图3-30所示。

图3-29 浏览文献数量超限提示

图3-30 默认收藏夹

一般注册用户可以建立一个自定义的文献收藏夹，如图3-31所示。

图 3-31 自定义收藏夹

（七）文献信息查看

检索结果列表显示页面在每件专利右侧有隐藏/显示开关，可以隐藏或者显示专利的详细字段信息，以提高浏览信息的效率。

在每一件专利信息底部依次设有查看文献详细信息、查看同族信息、查看引文信息、查看对比文献、查看法律状态、查看申请（专利权人）基本信息。

单击查看文献详细信息，进入文献浏览页面。显示内容包括著录项目、简要说明。单击全文图像可以查看外观设计的图片信息，如图 3-32 所示。

图 3-32 全文图像信息

（八）其他查询

单击"查看同族信息"❶，可以查看具有优先权且在先申请为同一申请的专利文献。

---

❶ 同族专利，有不同的定义，当前最主流的定义是：同族专利是指基于同一优先权文件，在不同国家或地区，以及地区间专利组织多次申请、多次公布或批准的内容相同或基本相同的一组专利文献。

单击"查看法律状态"可以显示专利的法律状态信息，如图3-33所示。

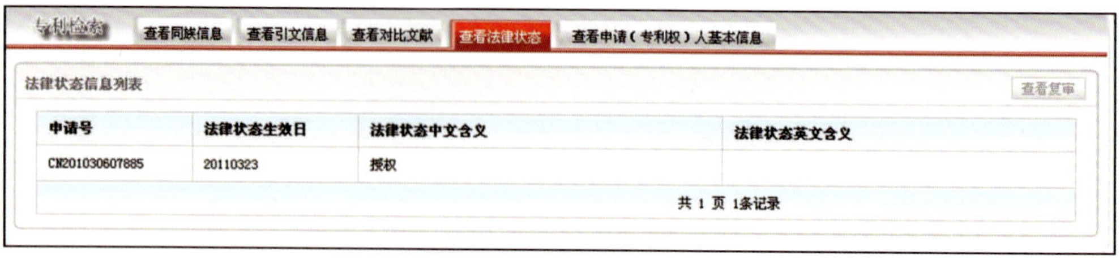

图3-33　专利法律状态信息列表

单击"查看申请（专利权）人基本信息"，显示申请（专利权）人姓名、地址、邮编和所在国（省），如图3-34所示。

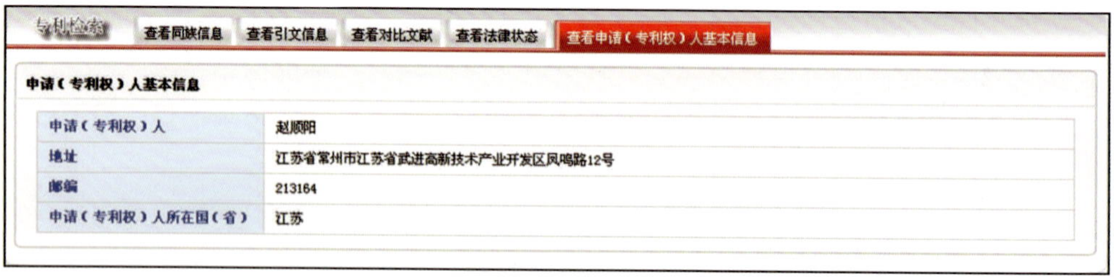

图3-34　申请（专利权）人基本信息

五、检索历史记录

用户选择主页面菜单中的"专利检索"，在专利检索页面中，选择"检索历史"，即可进入检索历史页面，如图3-35所示。

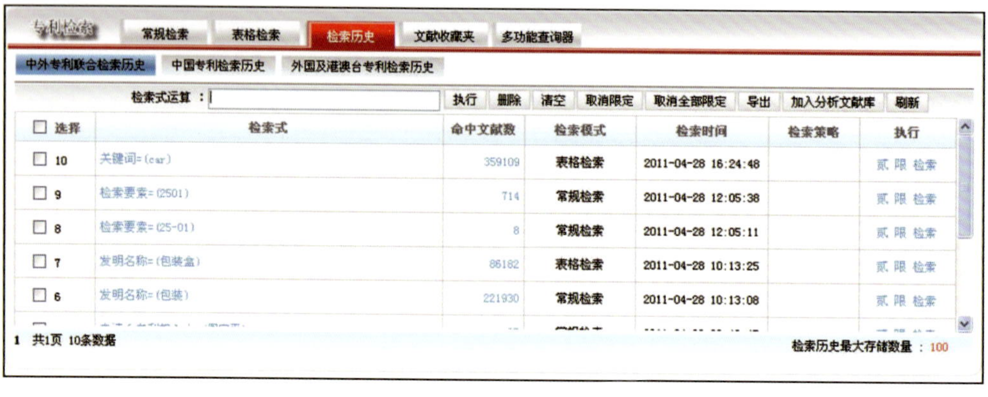

图3-35　检索历史记录列表

该页面将三个数据库中检索的历史记录收集起来，以备后面查询时参考。在此页面用户可以对过去检索的历史（检索式）进行管理，可以使用检索式查看检索结果，也可以执行相应的检索策略进行再次检索，从而得到便于浏览的检索结果。检索历史列表按检索时间倒序排列编号。

如果检索式的命中结果大于零，则可单击检索式对应的"命中文献数"浏览检索结果列表。同时也可以进行二次检索和限定范围检索功能。

（一）检索式运算

系统提供了"检索式运算"功能，可以将检索历史列表中记录的检索式按照一定算符规则进行运算，得出相应的检索结果。使用此功能时，检索式编号即可表示检索式，使用编号即可进行检索式之间的逻辑运算，如图3－36所示，检索式编号3即为检索历史记录1（公开（公告）日＞2008－08－21 AND 发明类型＝（"D"）AND 语种＝（CN））和2（发明名称＝（手机）AND 语种＝（CN））的检索式取交集的命中结果。

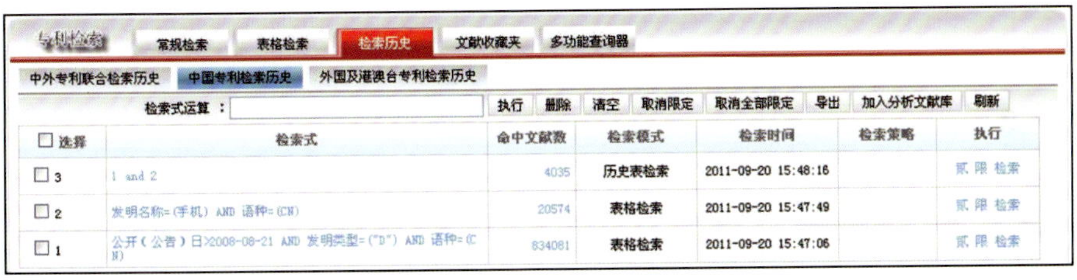

图3－36 检索式运算

（二）检索式删除

用户进入检索历史页面后，可以对任意一条记录进行删除，方法是勾选每条记录前面的复选框，单击"删除"按钮，系统会提示确认，确认后检索式会被删除，如图3－37所示。

图3－37 删除检索式或者检索记录

（三）检索式清空

如果想一次性删除全部历史记录，在检索历史页面的功能操作区中，单击"清空"按钮，系统会提示确认，确认后将删除全部记录，如图 3 - 38 所示。

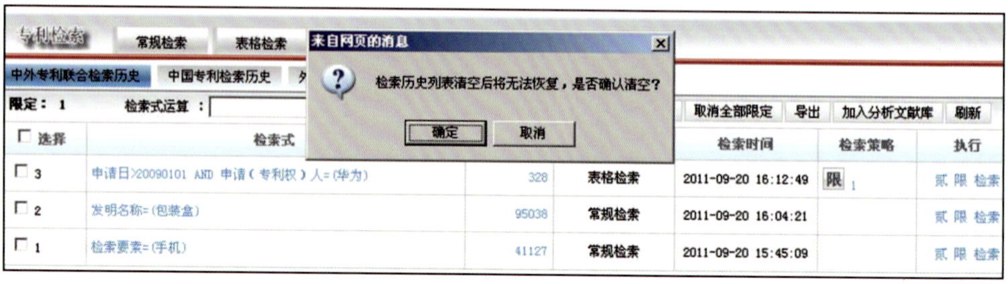

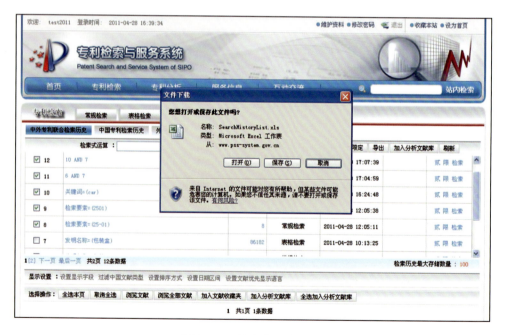

图 3 - 38 清空检索式或者检索记录

（四）检索式导出

如果用户想将检索历史记录保存至本地，可以使用"导出"功能，系统会弹出保存文件对话框，如图 3 - 39 所示。

图 3 - 39 检索式导出功能

单击"打开"，系统将获取的检索历史按照一定的格式以 EXCEL 形式打开。单击"保存"，系统将获取的检索历史根据用户设置的保存路径以及文件名称保存成 EXCEL 文件。

（五）加入分析库

在检索历史页面中，用户能够将指定检索式下的所有专利文献添加到分析库中。方法是勾选检索式编号，单击"加入分析库"，如图3-40所示。

图3-40 加入分析文献库

在加入分析库页面中，可以使用"进入分析""追加"或"覆盖"功能。文献被成功添加到用户的分析库后，可随时用于分析使用。

（六）二次检索

单击每条检索式记录后面的"贰"字样可以使用二次检索，二次检索的原理是在某次检索的基础上，为某个字段增加新的约束条件，以便获取更加精确的检索结果，如图3-41所示。

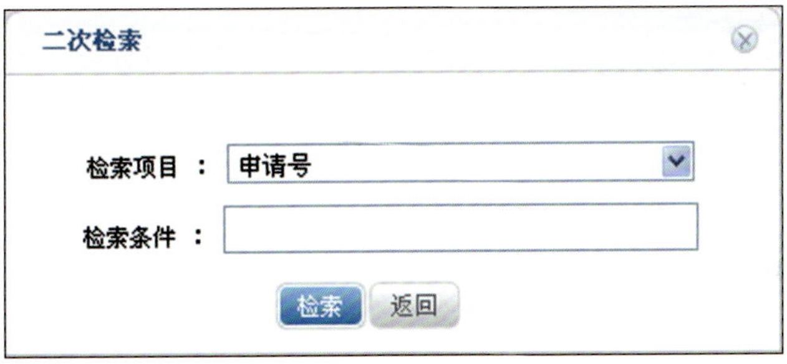

图3-41 历史记录二次检索界面

（七）限定检索

限定检索的检索结果是当前检索结果的一个子集，用户单击指定检索式编号"执行"列下的"限"，检索历史列表左上方显示被限定的检索式编号。

继续执行"检索"，会在已限定的检索结果集中再次进行检索，检索策略项以"限+检索式编号"形式显示，在"命中文献数"中显示检索结果的概要信息。如图3-42所示，检索式编号3即为在检索式编号1（检索要素=（手机））的命中结果限定的范围内进行的检索式为"申请日>20090101 AND 申请（专利权）人=（华为）"的二次检索。

	专利检索	常规检索	表格检索	检索历史	文献收藏夹	多功能查询器					

图 3 – 42　限定检索

取消限定范围：使用了限定检索后也可以通过"取消限定范围"功能将检索结果集范围取消，限定多个检索范围时，一次取消限定只针对当前最外层限定的检索范围，可多次使用取消限定范围功能，从最近一次限定向前取消，直到没有限定范围。如果用户想一次性取消全部限定范围，可以使用"取消全部限定"功能。

限定检索相对于二次检索而言，其相同点在于都是在前一次检索的结果范围内进行的检索；不同点在于二次检索只能一次增加一个检索字段，而一旦对当前检索结果集进行了限定，那么在限定被取消之前，无论是进行常规检索，还是进行表格检索，其检索范围皆为该限定检索式的检索结果。

（八）编辑检索式

用户如果想在某个历史检索式的基础上进行修改后重新检索，可以单击列表中检索式的链接，显示编辑检索式的页面，直接进行检索式修改，如图 3 – 43 所示。

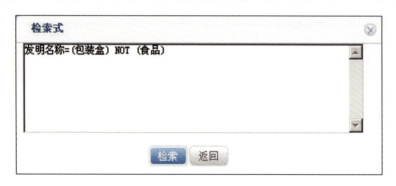

图 3 – 43　编辑历史记录的检索式

单击"检索"按钮，对新的检索式进行检索，生成新的检索结果列表，并且编辑的检索会被记录到检索历史中，如图 3 – 44 所示。

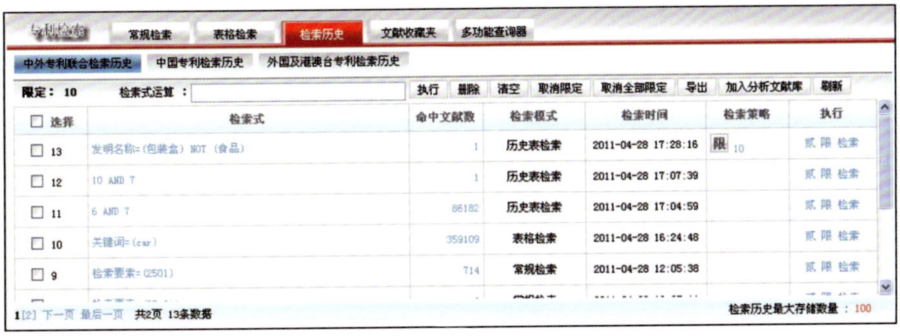

图 3 – 44　新检索式检索

（九）历史记录检索

用户在浏览检索历史记录时，可以直接使用当前历史记录进行检索，单击执行列中的"检索"或命中文献数列中的数字都可以实现。

六、多功能查询器

多功能查询器为用户的检索提供了有利的工具。其中可以用于外观设计专利文献检索的内容包括：国别代码查询、法律状态查询、申请人专利权人别名查询、双语词典、关联词查询以及同族查询等。网站有详细的说明，在此不作赘述。

第三节　中国专利之星检索系统

专利之星检索系统是在专利文献检索系统 CPRS 的基础上，经过改进和优化而成的全新多功能专利检索系统，于 2012 年 7 月正式上线为公众提供专利检索服务。系统功能包括智能检索、表格检索、专家检索、法律状态检索、检索结果统计分析、检索记录管理、专利数据定制推送、英汉机器翻译、汉英机器翻译、专利同族展示、著录项目信息、全文图形、代码化数据的浏览与下载等功能。

专利之星检索系统收录的中外专利数据较全，中文专利数据主要为 1985 年 9 月至今，国家知识产权局所有公开公告的发明、实用新型、外观设计专利，内容包括著录项目信息、公开公告文本图形与代码化数据（发明、实用新型）、外观主视图等，数据更新方式采用双周更新制。世界专利数据主要为 1790 年至今，全世界 80 多个知识产权局公开、公告的专利文献，数据更新采用月更新制。

用户在 IE 地址栏输入 http://www.patentstar.com.cn，经注册用户并登录后，即可进入专利之星检索系统。

如图 3 - 45 所示，用户可以在该界面进行中国专利检索，选择智能检索、表格检索、专家检索和法律状态检索四种不同的入口。

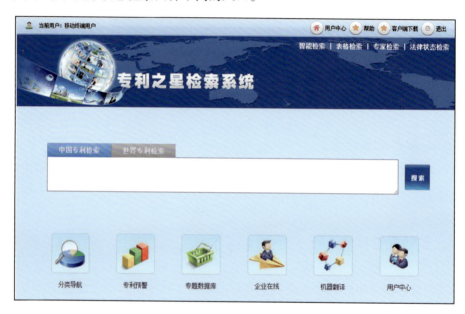

图 3 - 45　专利之星检索系统首页界面

一、智能检索

（一）界面

智能检索是为用户提供了一种简单、快捷检索专利的途径，界面如图 3 - 46 所示。

图 3 - 46　智能检索界面

（二）输入规则与检索策略

系统对用户输入的关键字按汉字、字母、数字、空格、特殊字符等进行分别处理，生成引擎可识别的检索式，最后送入引擎进行检索。

具体地说，汉字或者英文单词按发明人（IN）、发明名称（TI）、申请人（PA）、摘要（AB）进行检索，其中，中国专利智能检索还包括主权利要求（CL）；数字按申请号（AN）、公开号（PN）、申请日（AD）、公开日（PD）进行检索，其中中国专利智能检索还包括公告号（GN）、公告日（GD）；字母和数字组合按分类号（IC）、优先权号（PR）进行检索；特殊字符会自动过滤掉。多个关键词之间，使用空格来分隔，表示关键词之间是"与"的关系。例如，检索"发明名称"包含"计算机"，并且"申请日"是 2008 年 1 月的专利，则可以输入"200801 计算机"，单击右侧的"搜索"按钮即可，系统会生成如下检索式：F YY（200801/AD + 200801/PD + 200801/GD + 200801/AN）＊（计算机/IN + 计算机/TI + 计算机/PA + 计算机/GL + 计算机/AB）。

二、表格检索

表格检索界面的各个字段与中国专利公布公告系统的表格检索大体相同。中文表格检索是一种简单、方便应用的检索模式，用户可根据索引快速确定检索要素并构建检索式进行检索。

（一）配置表格项

表格检索界面提供配置表格项功能，可以由用户自行勾选需要的表格项，见图 3 - 47。

图 3 - 47　配置表格项

（二）自动生成检索式检索

界面中提供多个检索条目输入栏，鼠标悬停在每个输入栏时显示输入示例。我们可以根据需要选择一个或者多个条目输入需要检索的内容，然后选择逻辑运算关系"＋"（或）、"＊"（与）、"－"（非），单击生成检索式，检索式自动生成，将各个检索内容按照逻辑运算关系连接，见图 3 - 48。

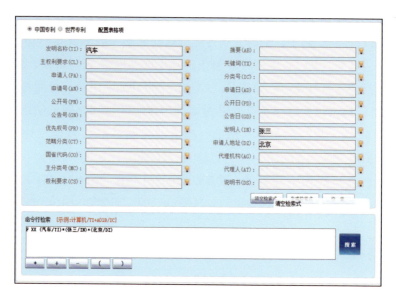

图 3 - 48　自动生成检索式检索

（三）检索式编辑

用户亦可以直接在检索式生成栏内依据检索条目代码手动输入需要检索的内容，并利用下面提供的运算符号进行编辑彼此的逻辑关系。

（四）逻辑算符简介

表 3 - 6　逻辑算符规则

算符	由算符连接的两个检索项的关系	例子
+	A + B： A 和 B 的"并"集；	F AN 20103 + 20102（代表查找申请号前五位是 20103 或 20102 的文献）
*	A * B： A 和 B 的"交"集；	F TI 汽车 * 轮胎（代表查找发明名称中包含"汽车"并且包含"轮胎"的文献）
−	A − B： 从 A 中排除 B 的内容；	F AN 2010 − 20102（代表查找申请号前四位是 2010 且前五位不是 20102 的文献）
（ ）	(A − B) * C 优先执行 A − B 后再执行 * C	F XX（1208/IC） + （（汽车/TI） − （北京/DZ））（代表产品名称中包含"汽车"，但申请人地址中不包含"北京"的文献与分类号为 1208 的文献合集
>	A > B 范围检索	F PD 20100101 > 20101231（代表查找申请日在 2010 年 1 月 1 日到 2010 年 12 月 31 日的所有文献）

注："+"算符常常用来将同义词或相近的检索内容合并起来以便查全；"*"算符常常用于连接 2 个不同的检索内容进行限定以便查准。

仅日期型可以使用范围运算符，且日期需要精确到日，范围应不超过 3 年，范围算符需要是在英文输入法状态下输入的。

三、专家检索

（一）专家检索界面

中文专家检索功能提供 22 个检索字段，用户可用不同组合形式进行全文快速检索，可以保留每一次的检索式，可以保存检索过程和调用保存的检索过程；非正常关机时可保留检索式。通过中文专家检索提供的功能，用户可根据实际检索目的采用多种检索策略进行检索，并快速检索和浏览文献。

（二）专家检索与连接运算符

专家检索区别于表格检索之处在于对于生成的各个检索式可以使用逻辑运算符进行连接运算，例如：J 006 ＊007 表示检索式 006 和检索式 007 的"与"运算。其中，J 为连接运算符，见图 3 – 49。

图 3 – 49　专家检索与连接运算符

四、法律状态检索

法律状态检索提供了中国专利法律状态检索、专利权利转移检索、专利质押保全检索和专利实施许可检索。用户可以方便地通过申请号、专利权人等信息检索对应专利的各种法律状态信息。

（一）中国专利法律状态检索

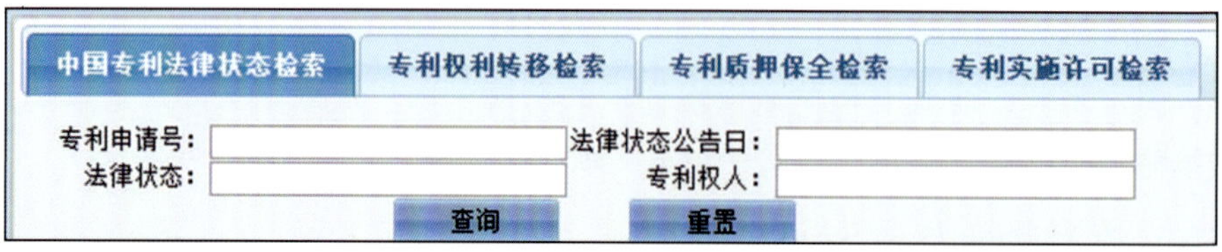

图3-50　中国专利法律状态检索

（二）专利权利转移检索

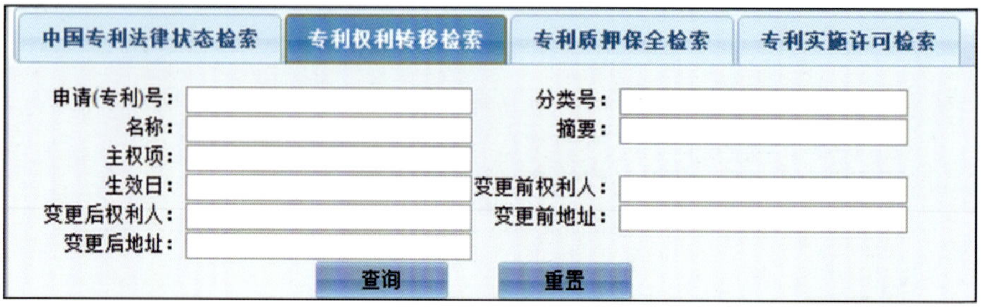

图3-51　专利权利转移检索

（三）专利质押保全检索

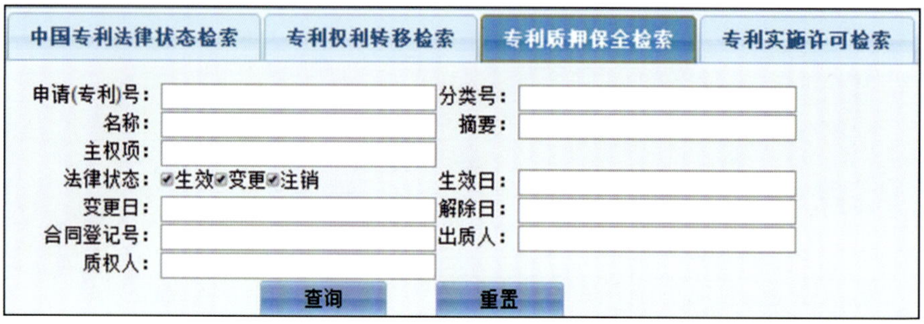

图3-52　专利质押保全检索

（四）专利实施许可检索

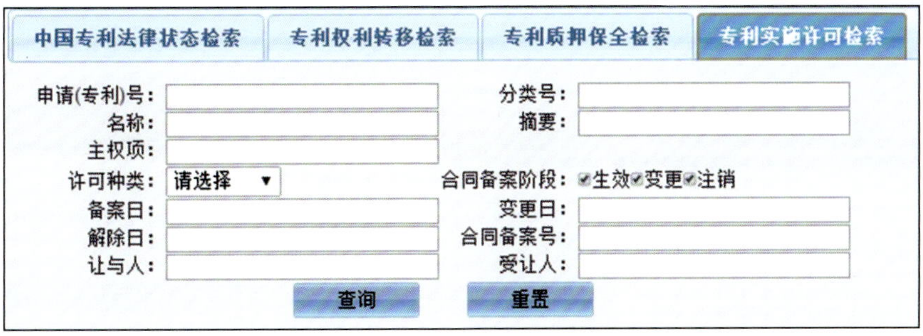

图 3 – 53　专利实施许可检索

五、结果查看

（一）文献概览

用户在智能检索或者中文表格检索中单击"搜索"按钮，专家检索中单击"查看"按钮，进入文献概览页面，页面默认为文图混排模式，另外提供列表和两栏模式切换按钮，右上角显示命中结果数量，如图 3 – 54 所示。

图 3 – 54　文献概览页面（文图模式）

所有检索结果默认是按照申请日进行排序，即最新申请日的在前面。单击页面左上角的"列表"按钮，选择列表模式，即可进入列表查看模式，如图 3-55 所示。

图 3-55 文献概览页面（列表模式）

单击页面左上角的"两栏"按钮，选择两栏模式，即可进入两栏查看模式，左侧为列表模式，右侧为详览模式，如图 3-56 所示。

图 3-56 文献概览页面（两栏模式）

（二）文献详览

用户单击文献概览页面中的对应专利的产品名称链接，进入文献详览页面。外观设计专利的详览页面包括著录项目、外观图形、法律状态等信息，在此不再详述。

第四节　中国台湾外观设计专利检索

最常用的中国台湾地区外观设计专利检索网站有如下两个：中国台湾连颖科技股份有限公司的 WEBPAT 数据库（http：//webpat.tw 或者 http：//webpat.cn）和中国台湾智慧财产局提供的专利资讯检索系统（http：//twpat.tipo.gov.tw/）。

一、WEBPAT 专利数据库整合检索平台

WEBPAT 专利数据库整合检索平台是由中国台湾连颖科技股份有限公司推出的集专利检索、专利全文批量下载、统计分析、增值服务等功能于一体的专利网站，网址是：http：//webpat.tw 或者 http：//webpat.cn。该系统除了中国台湾专利数据外，还收录了其他国家的数据。到目前为止，该系统包含中国台湾核准专利资料库、中国台湾早期公开资料库、美国核准专利资料库、美国公开专利资料库、欧盟核准专利资料库、欧盟公开专利资料库以及中国专利资料库，不同的专利数据可以通过首页上的数据库标签进行选择。对于本节涉及的中国台湾外观设计专利检索，应当选择中国台湾核准专利资料库进行检索。

图 3 - 57　WEBPAT 专利数据库首页

（一）系统登录

用户可以在浏览器中输入网址：http://webpat. tw 或者 http://webpat. cn，即可打开该系统的登录界面。在页面上输入账号、密码，即可登入系统。该系统提供免费试用服务，如果没有账号，可以通过网站页面左侧的"申请试用"按钮提交试用会员申请，试用期内没有任何使用限制，见图 3 - 58 和图 3 - 59。

图 3 - 58　系统登录

图 3 - 59　试用会员申请

（二）一般检索

1. 界面及操作方法

"一般检索"功能是 WEBPAT 专利数据库整合检索平台使用最普遍的检索功能，也是一般公众接受度最高的检索功能。"一般检索"功能不必牢记烦琐的检索语法，仅需要选择指定检索的栏位，输入检索的关键词即可，见图 3 - 60。

若一次检索有多栏位查询需求时，可以使用布尔运算符进行检索条件的交集、并集等（AND、OR、AND NOT）运算，见表 3 - 7。如果遇到复杂的检索需求，可以使用"进阶检索"功能。

图 3 - 60　一般检索界面

表 3 - 7　一般检索说明

一般检索	多项检索条件时，利用布尔逻辑运算符组合运算查询，并可通过专利名称、国际/物品分类号（即洛迦诺分类号）、专利公告日期等时间限制检索专利资料库内容
通配符 " * "	例："数码 * "表示凡是开头为"数码"两字的字符均为检索结果，如：数码相框、数码相机……
多栏位间检索	在多栏位输入检索关键词时，各栏位运算关系限定为"OR"关系
栏位内多关键词组合	栏位内允许检索多关键词的组合，关键词彼此间的逻辑运算符有："AND、OR、AND NOT"三种

2. 检索示例

示例说明：检索中国台湾核准专利资料库中 2010 年度公告的 12 - 08 类产品名称为"汽车"的外观设计专利。

选择检索栏位为专利名称、国际/物品分类号，分别输入检索关键词为：汽车、12 - 08。保持栏位间逻辑运算符为"AND"，并且在专利类型栏位中选择"新式样专利"，在下方的日期限制栏位单击"编辑"，选择公告（开）日，并输入检索日期区间为 2010/01/01 至

2010/12/31，最后单击"检索"按钮即可。操作界面和检索结果如图3-61、图3-62所示。

图3-61　一般检索操作界面

图3-62　检索结果

（三）进阶检索

1. 界面及操作方法

"一般检索"功能虽然简单易用，但是只能满足比较简单的检索需求，如果遇到复杂的检索时，这种模式就不适用了，因此，系统提供了另一种检索功能——进阶检索，这也是许多国际著名专利资料库常见的检索功能。

"进阶检索"功能不限多栏位、不限检索关键词，可一次完成复杂检索条件的需求。但是对于使用者来说，需要了解指定检索栏位代码、关键词输入的语法及逻辑运算符的使用规则。遇到复杂、多样的检索条件，建议利用该功能进行检索，可以一次性满足使用者的检索需求。

"进阶检索"功能可以使用多组检索条件结合"AND""OR""AND NOT"等逻辑运算符进行检索，可以理解为复杂检索式的检索模式。"进阶检索"功能的检索式中使用栏位代码（英文单词缩写）代表相应的检索栏位，进阶检索对应的栏位代码详见表3－8说明。历次检索的结果将显示在检索记录列表中，检索记录列表可以进行合并等操作。

图 3 – 63　进阶检索界面

表 3-8 进阶检索对应的栏位代码

序号	栏位名称	运算符号
1	ANY = 全部栏位	
2	TTL = 专利名称	
3	ABST = 摘要	
4	CLMS = 申请专利范围	
5	SPEC = 说明	
6	AN = 申请人	
7	IN = 发明人	
8	PN = 公告号	
9	ISN = 证书号	
10	APN = 申请号	
11	PRN = 优先权号	
12	PRCN = 优先权国别	AND
13	IPC = 国际/物品分类号	OR
14	ACN = 申请人国家	NOT
15	ICN = 发明人国家	
16	REF = 国内引证资料	
17	FREF = 国外引证资料	
18	OGV = 公告卷号	
19	OGN = 公告期数	
20	AGENT = 专利代理人	
21	AC = 申请人地址	
22	IC = 发明人地址	
23	ISD = 公告（开）日	
24	APD = 申请日	
25	APT = 申请类型	

2. 检索示例

示例 1：单一检索条件查询。

示例说明：检索"专利名称"栏位中关键词为"自行车"的新式样专利。输入检索关键词"自行车"，再输入检索语法"＜IN＞"，表示"在"的意思；然后选择指定检索栏位名称代码，表示选定的栏位中包含有检索关键词的，均为检索结果；最后输入指定检索栏位名称代码"TTL"。即可得出检索条件语法：自行车＜IN＞TTL。同时选择专利类型为"新式样专利"，单击"检索"按钮即可，见图3－64。

注："专利标题（TITLE）"栏位代码"TTL"。

自行车＜IN＞TTL

检索

专利类型：
全部申请类型
发明专利
新型专利
新式样专利

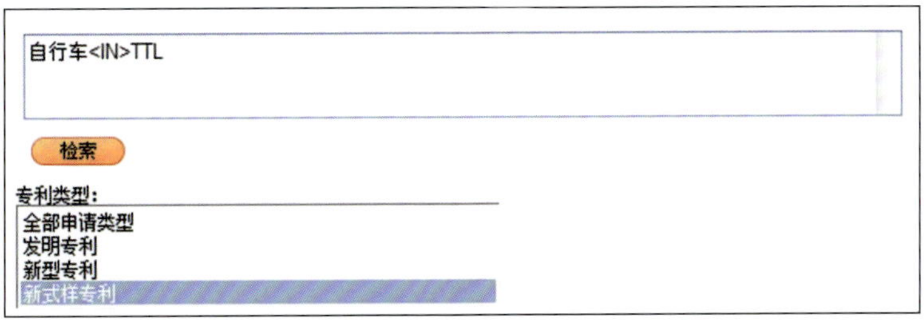

图3－64　检索条件输入语法

示例2：多检索条件查询。

示例说明：检索"专利名称"栏位中出现"自行车"和"单车"关键词的新式样专利。输入第一个检索关键词"自行车"，输入检索语法"＜IN＞"，表示"在"的意思，接着输入指定检索栏位名称代码"TTL"，再输入多检索条件间的逻辑运算符"AND"。接下来输入第二个检索关键字"单车"，输入检索语法"＜IN＞"，表示"在"的意思，再输入指定检索栏位名称代码"TTL"。最后得出的检索条件语法为：（自行车＜IN＞TTL）AND（单车＜IN＞TTL）。

附注："专利名称（TITLE）"栏位代码"TTL"，括号表示逻辑运算的优先顺序。

如果需要检索"专利名称（TITLE）"栏位中出现"自行车"或"单车"关键词的新式样专利，则检索条件语法为：（自行车＜IN＞TTL）OR（单车＜IN＞TTL）。如果需要检索"专利名称（TITLE）"栏位中出现"自行车"但非"单车"的新式样专利，则检索条件语法为：（自行车＜IN＞TTL）AND NOT（单车＜IN＞TTL）。

示例3：指定日期栏位。

示例说明：检索"所有栏位"中关键词为"自行车"，并指定在2000年1月1日以后所"公告（公开）"的新式样专利。依次输入第一个检索关键词"自行车"，输入检索语法"＜IN＞"，表示"在"的意思。然后输入指定检索栏位名称代码"ANY"，再输入栏位间的逻辑运算符"AND"，最后输入检索日期"ISD＞＝2000/1/1"，即可得到检索条件语法为：（自行车＜IN＞ANY）AND（ISD＞＝2000/1/1）。

注："所有栏位"的代码为"ANY"；"公告（公开）日"栏位的代码为"ISD"。

若需要检索"所有栏位"中关键词为"自行车"，并且指定在1998年12月31日以前所"申请"的新式样专利，则检索条件语法为：（自行车＜IN＞ANY）AND（APD＜＝

1998/12/31）。

注："所有栏位"的代码为"ANY"；"申请日"栏位的代码为"APD"。

若需要检索"所有栏位"中关键词为"自行车"，并且指定申请日在 2008 年 12 月 31 日至 2012 年 1 月 1 日的新式样专利，则检索条件语法为：（自行车 < IN > ANY）AND（（APD < ＝2012/1/1）AND（APD > ＝2008/12/31））。

注：以上示例均需要在专利类型选择栏位中选择专利类型为"新式样专利"，或者直接在检索条件中加入"AND 4 < IN > APT"语句，APT 表示专利类型，新式样专利的代码为 4。

（四）浏览检索结果

1. 二次检索

检索结果界面的左侧为再检索（二次检索）区域，见图 3 – 65。

图 3 – 65 二次检索功能

在"结果中再检索"栏位中输入关键词，按下"再检索"按钮，可以在检索结果中实现二次检索功能。

勾选下方的相应分类统计选项，按下"再检索"按钮，可以进一步缩小检索范围。

2. 结果排序

在检索结果浏览界面中，可以选择检索结果的排序方式。单击界面右上角的排序栏位，即出现公告（开）日、申请人、国际/物品分类号等三种排序选项，见图3－66。

图3－66　排序方式及显示模式切换

3. 显示模式切换

在检索结果浏览界面中，可以选择不同的显示模式。单击界面右上角的"图文显示"或"列表显示"按钮，即可实现两种显示模式的相互切换。系统默认的是列表显示模式，通过列表的模式显示专利的著录项目信息，见图3－67。而图文模式则可以显示出专利视图，遗憾的是图文显示模式下图片的显示存在变形，见图3－68。

☐ **1.** 专利名称：汽车 MOTOR VEHICLE
　　申请人：ＢＭＷ股份有限公司
　　公告（开）号：D138322 公告（开）日：2010/12/21 国际/物品专利分类号：12-08
　　［全文］［下载PDF］［浏览公报］

☐ **2.** 专利名称：汽车用後厢盖 TRUNK LID FOR MOTOR VEHICLES
　　申请人：ＢＭＷ股份有限公司
　　公告（开）号：D138162 公告（开）日：2010/12/11 国际/物品专利分类号：12-08
　　［全文］［下载PDF］［浏览公报］

☐ **3.** 专利名称：汽车 MOTOR VEHICLE
　　申请人：ＢＭＷ股份有限公司
　　公告（开）号：D138161 公告（开）日：2010/12/11 国际/物品专利分类号：12-08
　　［全文］［下载PDF］［浏览公报］

☐ **4.** 专利名称：汽车 AUTOMOBILE
　　申请人：丰田自动车股份有限公司
　　公告（开）号：D138014 公告（开）日：2010/12/01 国际/物品专利分类号：12-08
　　［全文］［下载PDF］［浏览公报］

☐ **5.** 专利名称：汽车 AUTOMOBILE
　　申请人：丰田自动车股份有限公司
　　公告（开）号：D137422 公告（开）日：2010/10/21 国际/物品专利分类号：12-08
　　［全文］［下载PDF］［浏览公报］

图3－67　列表显示模式

图 3-68　图文显示模式

在页面的右下方，可以切换检索结果页每页显示的专利数量，可以选择每页显示 10、20、50 三种方式。

4. 浏览详细信息

单击每条专利下方的"全文""下载 PDF""浏览公报"（如图 3-68 所示），可以浏览相应专利的全文数据、PDF 全文影像（如图 3-69 所示），也可以浏览相应的专利公报。

图 3-69　专利详细信息页面

5. 导出检索结果

针对每次的检索结果，可以实现加入注记、下载 PDF、档案下载等批量导出功能，需要注意的是，导出的数量限制在 500 条专利数据以下。

图 3 – 70　导出检索结果

	A	B	C	D	E	F	G
							Patent71cdb982-5bf2-4467-9b69-e74e1190eba4
1	编号	专利号/公告	公告(公开)日	专利名称	申请人名称	IPC	首图/首页
2	1	D138322	0098306228	汽车	ＢＭＷ股份有限公司	12-08	
3	2	D138162	0098306223	汽车用後厢盖	ＢＭＷ股份有限公司	12-08	
	3	D138161	0098306222	汽车	ＢＭＷ股份有限公司	12-08	

图 3 – 71　选择图文资料模式导出的 EXCEL 文件

（五）特色功能

1. 增加检索条件

在一般检索页面，默认提供的检索条件的数量为三栏，如果需要增加检索条件，可以单击"新增检索条件"选项自行增加。如图 3 – 72 所示，检索条件的数量已经由三栏增到了四栏。

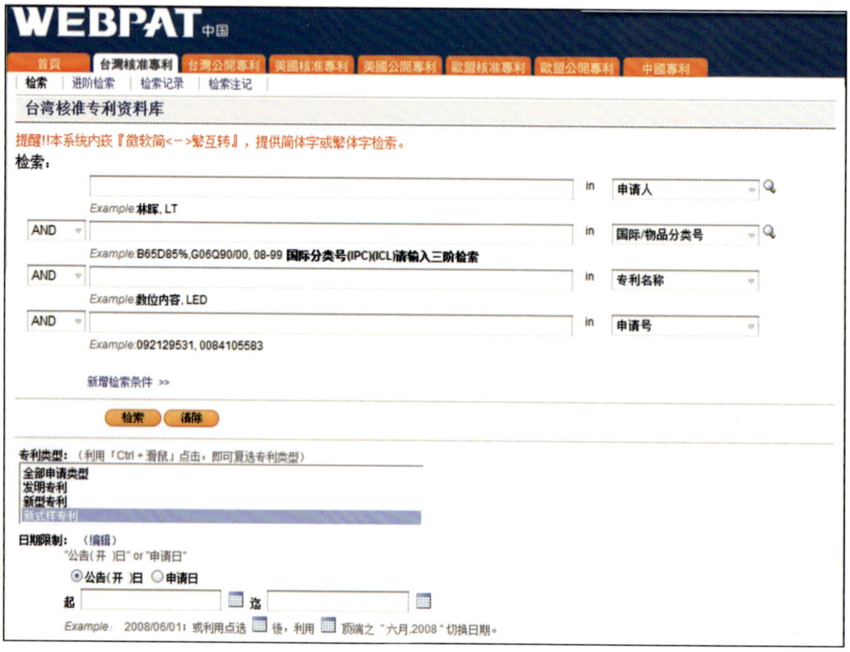

图 3 – 72　增加检索条件

2. 显示栏位

在一般检索和进阶检索界面的下方，均有"显示栏位"的选项，该选项可以自定义在检索结果列表模式中显示的栏位类型。单击"编辑"按钮，界面中则显示出可以选择的栏位，用户可以根据自身需要进行勾选即可。

注：检索结果默认仅显示公告（开）号、公告（开）日、专利名称三项。

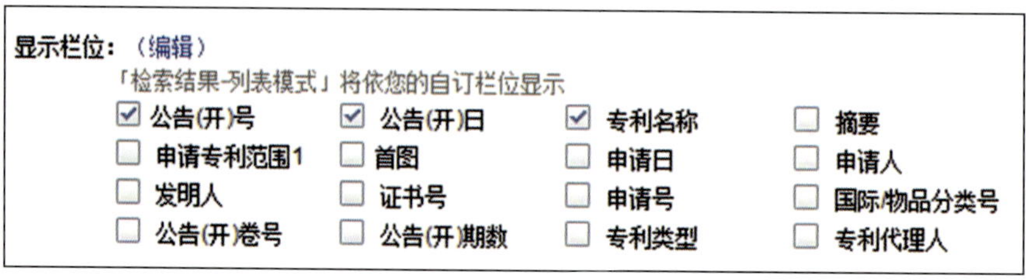

图 3 – 73　显示栏位选项

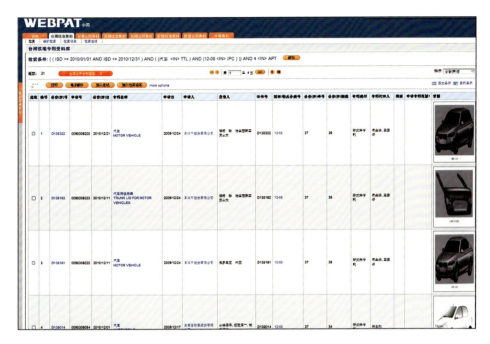

图 3 – 74 显示所有栏位的效果

3. 辅助检索

在进阶检索界面，单击申请人、IPC 等字段右边的放大镜按钮，即可进入辅助检索功能。辅助检索功能可以帮助用户查询相应的申请人或分类号等信息。

图 3 – 75 申请人检索功能

二、中国台湾专利资讯检索系统

中国台湾智慧财产局"专利资讯检索系统"是为了同时满足专利审查需求和外界专利信息检索的需要而推出的免费专利检索系统。该系统的网址是：http://twpat. tipo. gov. tw，特别要提醒的是，由于网络访问的限制，该网站可能无法正确显示。因此，本书仅简单介绍一下该系统。

（一）系统登录

单击进入后，如果是首次登录，则在右上角的 e－mail 和密码栏中输入自己的e－mail地址和密码，单击"開新帳號"按钮，免费开通新账号。如果已有账号，则输入原来的账号、密码，便可登录。

图 3－76　系统登录

（二）检索界面

登录后，检索界面提供了多项检索功能，可以实现简易检索、布尔检索、进阶检索、表格检索等功能，界面也相应有所区别。

图 3－77　简易检索

图 3 – 78 进阶检索

除此之外，系统还提供了国际外观设计分类号浏览功能。

（三）检索结果展示

检索结果可以自定义选择显示不同的栏目，对于外观设计专利，可以选择列表显示和表格显示，并提供公开说明书、公报全文的 PDF 文件下载及法律状态的查询。

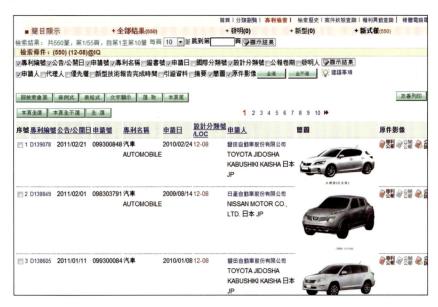

图 3 – 79 列表显示

图3-80　表格显示

第五节　中国香港注册外观设计的检索

中国香港知识产权署网上检索系统包括商标、专利和注册外观设计三种知识产权的检索系统，免费为社会公众提供1997年6月27日以后公布的商标公报、专利公报和注册外观设计公报。具体的网址是：http://ipsearch.ipd.gov.hk/。

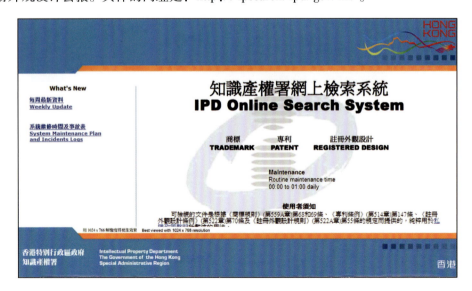

图3-81　香港知识产权署网上检索系统首页

单击注册外观设计（REGISTERED DESIGN），出现语言选择页面，见图 3 – 82。选择"繁體中文"后，可进入中文版外观设计检索系统，见图 3 – 83。

图 3 – 82　语言选择页面

图 3 – 83　注册外观设计检索页面

该页面的左侧为四个选项：新检索、选定项目清单、关于外观设计检索和辅助说明。完成一次检索后，只需单击"新檢索"就可以重新开始新的检索。单击"選定项目清單"，可以查看用户在检索结果中选定的一项或几项外观设计。"關於外觀設計檢索"这一项简略说明了为什么要进行外观设计检索、如何进行外观设计检索和外观设计检索结果的概要。"辅助说明"这一项简略说明了简易检索、进阶检索的一些操作方法和使用规则。

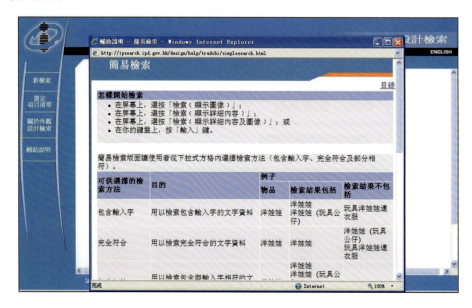

图 3-84　辅助说明页面

该页面的左上方为两个标签页：简易检索和进阶检索，这是系统提供的两种检索方式。该页面的右上方为切换语言的选项，当前页面语言为繁体中文时则显示 ENGLISH，反之则显示繁体中文。

该页面的下方为四个选项："檢索（顯示圖像）""檢索（顯示詳細內容）""檢索（顯示詳細內容及圖像）"和"清除"。前三项为不同检索结果显示方式的检索选项，后一项则是用以清除检索条件的选项。

该页面的中间部分为提供的检索入口。

一、中国香港注册外观设计编号与分类

（一）中国香港注册外观设计编号

中国香港外观设计编号即为香港外观设计的注册号。其编号形式为：YYNNNNN. N，"YY"表示申请的年份；后五位"N"为年度顺序号；小数点之后的"N"为校验位。例如：0911056. 7。

当一项外观设计包含多个设计时，在注册号之后用"M"+"NNN"加以区别，

例如：0911056.7M001，0911056.7M002。

（二）中国香港外观设计分类

对于注册外观设计，中国香港知识产权署采用的是世界知识产权组织发表的《国际外观设计分类表》（洛迦诺分类表）。

在外观设计检索页面上，有显示为蓝色字体并加注下画线的"洛迦诺分类"一项，见图 3 - 85。单击该项，即弹出洛迦诺分类的界面，再单击此界面上如何把物品分类一项，则会弹出具体指导如何把物品分类的界面，并且附有具体的《国际外观设计分类表》以供查询。

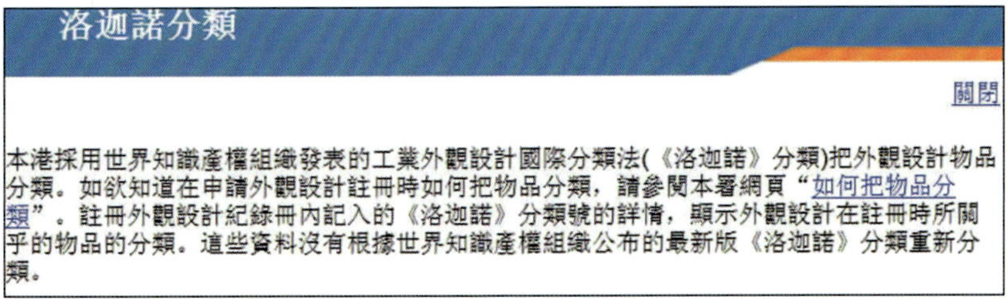

图 3 - 85　洛迦诺分类页面

二、外观设计检索

外观设计检索，使用的是 1997 年 6 月 27 日以后的数据库。有两种检索方式：简易检索和进阶检索。

（一）简 易 检 索

在简易检索界面提供 5 个检索入口：注册编号、物品、注册拥有人、大类及小类号、提交日期/注册日期。检索入口可以单独使用也可以组合使用，各检索入口之间默认的布尔逻辑关系为"与"。

"注册编号"检索入口供输入香港外观设计注册号。该检索入口设有两个检索式输入框。当检索一个外观设计注册号时，可在第一个检索式输入框中输入一个注册号，不含校验位，如：9911234；当需要检索一批连续的外观设计注册号时，可在两个检索式输入框中分别输入起止注册号，如：9911234，9911334。

"物品"检索入口供输入外观设计名称。

"注册拥有人"检索入口供输入专利权人姓名或名称。

"物品"和"注册拥有人"这两个字段为文字检索字段，使用者可以通过其后面的下拉框内选择检索方法，可以选择包含输入字、完全符合和部分符合这三种检索方法。"包含输入字"用来检索包含输入字的文字资料，如：输入产品名称"洋娃娃"，则检索结果包括"洋娃娃""洋娃娃（玩具）"，检索结果不包括"玩具洋娃娃连衣服"。"完全符合"用来检索完全符合的文字资料，如：输入产品名称"洋娃娃"，则检索结果包括"洋娃娃"，检索结果不包括"洋娃娃（玩具）""玩具洋娃娃连衣服"。"部分符合"用来检索包含与输入字相符的文字资料，如：输入产品名称"洋娃娃"，则检索结果包括"洋娃娃""洋娃娃（玩具）""玩具洋娃娃连衣服"。

"大类及小类号"检索入口供输入国际外观设计分类。

"提交日期/注册日期"检索入口供输入香港外观设计申请或注册日期。该检索入口设有两个检索式输入框。当检索特定日期时，可在第一个检索式输入框中输入一个日期，如：31012000（2000 年 1 月 31 日）；当检索某一个时间段时，可在两个检索式输入框中分别输入起止日期，如：06062006，06062007（2006 年 6 月 6 日至 2007 年 6 月 6 日）。该检索条件并不适用于当作注册的外观设计，所谓"当作注册的外观设计"，是指已在英国注册的外观设计，可根据《注册外观设计条例》当作已在香港注册。

简易检索的优势是检索方式简单方便，只要按照格式要求填写检索条件，就可以进行检索。

如要检索分类号为 12 - 08，产品名称中带有车，注册时间段是 2006 年 6 月 6 日到 2007 年 6 月 6 日的注册外观设计。在外观设计检索界面选择简易检索，输入检索条件为，物品：车（部分符合）；分类号：12 - 08；注册日期：由 06062006 ~ 06062007。需要提醒的是，输入的文字检索条件应当是繁体中文字。选择显示图像的检索结果显示方式，得到的检索结果如图 3 - 86 所示。

图 3 - 86　检索结果

(二) 进阶检索

在进阶检索页面除了简易检索的 5 个检索入口外，还提供了送达地址（名称）、∗记入注册记录册日期、∗优先权日期、∗优先权编号、联合王国注册日期（只适用于当作注册的外观设计）、联合王国注册编号（只适用于当作注册的外观设计）这 6 个检索入口。界面中带 ∗ 的检索条件并不适用于当作注册的外观设计。

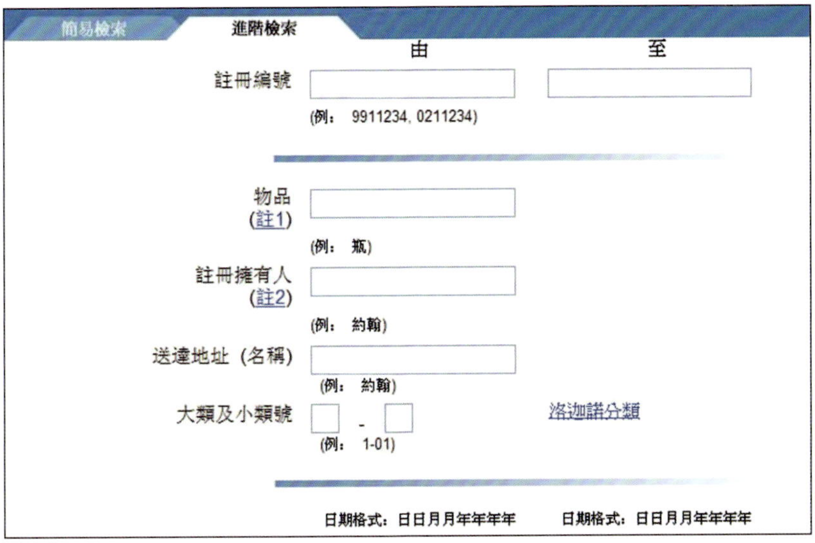

图 3 - 87　进阶检索入口 1

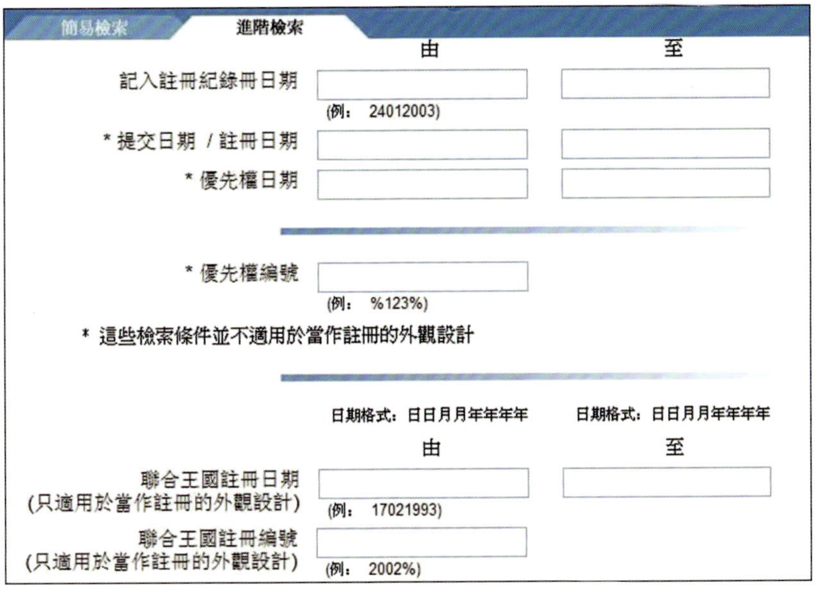

图 3 - 88　进阶检索入口 2

进阶检索界面可以让使用者输入通配符以检索注册外观设计记录的文字资料。使用者可以输入下画线符号"_"配对任何单字，输入百分比符号"%"配对任何字串，如表 3-9 所示。

表 3-9　进阶检索可供选择的检索方法

可供选择的检索方法	例　子			
	文字	物品或优先权编号	检索结果包括	检索结果不包括
直接在检索框输入检索选择"%"或"_"，以进行更具针对性的检索	中文	切刀	切刀； 工业用切刀机； 切刀机器	切片刀； 切肉餐刀
	数字	123	123； DM 123； 98 123 23	DM123； DM/123； 9812323
	英文	Bottle	Bottle； bottle； A bottle opener	Bottles； bottles
在文字资料检索中，输入通配符"%"会取代任何字符	中文	切%刀	切刀； 工业用切刀机； 切刀机器； 切刀片； 切肉餐刀	
	数字	%123%	123； DM123； DM/123； 98 123 23； 9812323	
	英文	Bottle%	Bottle； bottle； A bottle opener； Bottles； bottles	
在文字资料检索中，输入位置通配符"_"会取代单一字符	中文	切刀_	工业用切刀机	切刀； 切刀机器； 切片刀； 切肉餐刀
	数字	12_	123； DM 123； 98 123 23	DM123； DM/123； 9812323
	英文	Bottle_	Bottles； bottles	

（三）二次检索

在检索结果的显示界面中，有"就检索结果进一步检索"和"收窄检索条件"这两个选项。选择就检索结果进一步检索，会在已有的检索结果中进一步进行检索。选择收窄检索条件，会再次在整个数据库中进行检索。

（四）检索输入格式

注册外观设计检索系统提供繁体中文和英文两种语言，使用者在检索前必须选择其中的一种语言作为界面语言。

在检索文字资料时，使用者可以输入繁体中文及英文的检索条件。然而，若检索条件同时包含繁体中文及英文资料时，系统将仅按照所选择的界面语言显示资料。有关检索条件包括：物品、注册拥有人。使用者亦可同时于同一检索条件中输入中文及英文，若中文及英文的文字储存于注册外观设计记录的不同位置，在同一检索条件输入两种语言不能得出检索结果。

除了双语规则之外，还有如下特殊规定：在检索英文物品及注册拥有人时，系统仅接受字母 A－Z、a－z 及数字 0－9 组成的字符；系统认可的日期格式为：日月年，如：2006 年 6 月 9 日，应输入 09062006。

（五）检索结果的显示

输入检索式后可以选择三种执行检索的方式：检索（显示图像）、检索（显示详细内容）、检索（显示详细内容及图像）。

如检索结果多于 500 项，则只显示首 500 项，如需查看更多的检索结果显示，则可以单击"或按此處檢視全部記錄"。"顯示圖像"方式仅显示每项外观设计的注册编号和一幅视图。

图 3－89　显示图像方式的检索结果页面

“顯示詳細内容”方式显示每项外观设计的注册编号、优先权日期、洛迦诺分类号、物品（名称）、注册拥有人、状况。

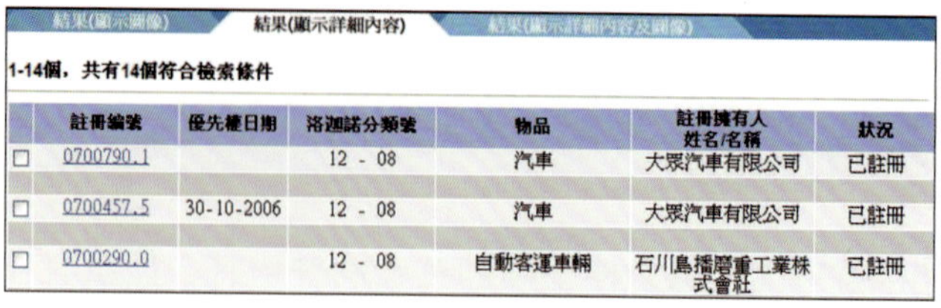
結果(顯示圖像)
結果(顯示詳細内容)
結果(顯示詳細内容及圖像)
1-14個，共有14個符合檢索條件
註冊編號
優先權日期
洛迦諾分類號
物品
註冊擁有人 姓名/名稱
狀況
0700790.1
12 - 08
汽車
大眾汽車有限公司
已註冊
0700457.5
30-10-2006
12 - 08
汽車
大眾汽車有限公司
已註冊
0700290.0
12 - 08
自動客運車輛
石川島播磨重工業株式會社
已註冊

图 3－90　显示详细内容方式的检索结果页面

“顯示詳細内容及圖像”方式显示每项外观设计的注册编号、优先权日期、表述（一幅视图）、洛迦诺分类号、物品（名称）、注册拥有人、状况。

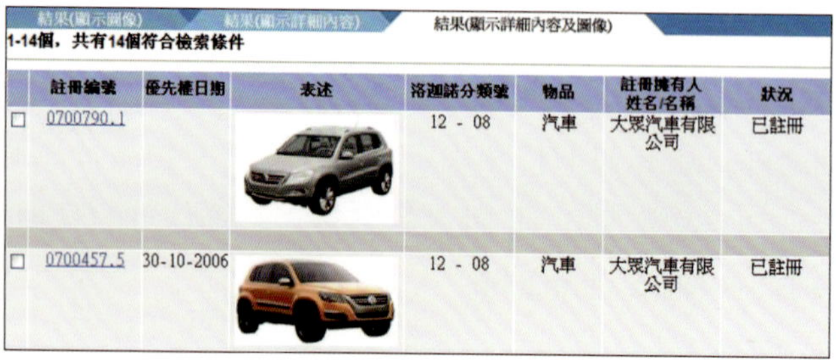
結果(顯示圖像)
結果(顯示詳細内容)
結果(顯示詳細内容及圖像)
1-14個，共有14個符合檢索條件
註冊編號
優先權日期
表述
洛迦諾分類號
物品
註冊擁有人 姓名/名稱
狀況
0700790.1
12 - 08
汽車
大眾汽車有限公司
已註冊
0700457.5
30-10-2006
12 - 08
汽車
大眾汽車有限公司
已註冊

图 3－91　显示详细内容及图像方式的检索结果页面

（六）加入选定项目清单

在检索显示结果中，每项外观设计前都有一个小方框，用户可以任意勾选，将其选入选定项目清单。

Extract List - Windows ...
記錄已加入選定項目清單。
Close
外觀設計檢索
ENGLISH
結果(顯示詳細内容)
結果(顯示詳細内容及圖像)
檢視列印版本
物品："車"（首摘輸入字）
大類及小類號：12 - 08
1-20個，共有208個符合檢索條件
1102086.6
1101907.8M001
1101907.8M002
1101907.8M003
1101907.8M004
1101886.2
1101743.9M001
1101743.9M002

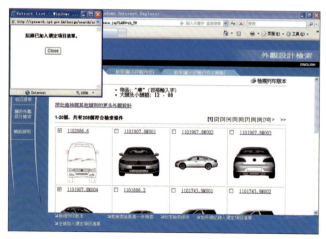

图 3－92　选定项目清单页面

如要将检索结果中的全部外观设计加入选定项目清单，则无须勾选每个外观设计，只要单击全部加入选定项目清单即可。

（七）检视列印版本

在检索显示结果中，单击"檢視列印版本"，则会将检索结果显示成检视列印版本，便于进行保存打印。

图 3-93　检视列印版本

（八）外观设计注册记录册

每种显示方式中的注册编号均用蓝色字体表示并标有下画线，单击此注册编号可以打开外观设计注册记录册，该记录册上有外观设计详细的著录项目信息、法律状态、后续记录、变更情况等。

外觀設計註冊紀錄冊
REGISTER OF DESIGNS

[55] 外觀設計的表述 Representation(s) of the Design

[11] **註冊編號 Registration No.** :0700790.1

[15] **註冊日期 Date of Registration** :20.03.2007

[22] **提交日期 Filing Date** :20.03.2007

[45] **記入註冊紀錄冊日期 Date of Entry in the Register** :21.09.2007

[51] **洛迦諾分類號 Locarno Classification No.** :C1.12 - 08

[54] **物品 Article(s)**
汽車 Motor vehicle

[57] **新穎性陳述 Statement of Novelty**
本設計的新穎性在於表述中的物品的形狀及構形的特徵。
The novelty of the design resides in the features of shape and configuration applied to the article as shown in the representations.

图3-94 外观设计注册记录册1

[73] **註冊擁有人姓名/名稱及地址 Name and Address of Registered Owner**
大眾汽車有限公司 VOLKSWAGEN AG
D-38436 Wolfsburg Germany

[74] **送達地址 Address for Service**
China Patent Agent (H.K.) Ltd.
22/F., Great Eagle Centre,
23 Harbour Rd., Wanchai,
Hong Kong.

[74] **代理人地址 Agent's Address**
22/F., Great Eagle Centre, 23 Harbour Rd., Wanchai, Hong Kong.

註冊外觀設計續期紀錄
RENEWAL DETAILS OF REGISTERED DESIGN

[18] **註冊有效期終止日期 End Date of Period of Registration**

首段有效期 Initial period :19.03.2012
第二段有效期 Second period :-------
第三段有效期 Third period :-------
第四段有效期 Fourth period :-------
第五段有效期 Fifth period :-------

狀況
Status
已註冊 Registered

图3-95 外观设计注册记录册2

第四章　美国外观设计专利的检索

第一节　概　　述

美国专利商标局 USPTO（The US Patent and Trademark Office）目前通过互联网免费提供 1976 年至最近一周发布的美国专利全文库，以及 1790～1975 年的专利全文扫描图像，供社会公众免费查询，具体的网址是：http://www.uspto.gov，如图 4-1 所示。单击该页面左上角的"PATENTS"链接或页面右侧的"patents"链接，均可进入美国专利方面相关事务页面，如图 4-2 所示。

图 4-1　美国专利商标局主页

图 4 - 2   美国专利方面相关事务页面

在图 4 - 2 所示页面左侧的链接目录中选择 "Patent Process" 下的 "Search for Patents", 进入专利检索页面, 如图 4 - 3 所示。

图 4 - 3   专利检索页面

在图 4 - 3 所示的页面上部列举了 10 项检索项目, 具体翻译如表 4 - 1 所示。

表 4 - 1 10 项检索项目中英文对照

英　　文	中文译文
USPTO Patent Full-Text and Image Database（PatFT）	美国授权专利全文和扫描图像数据库检索
USPTO Patent Application Full-Text and Image Database（AppFT）	美国专利申请全文和扫描图像数据库检索
Patent Application Information Retrieval（PAIR）	美国专利法律状态检索
Public Search Facility	公众检索机构
Patent and Trademark Resource Centers（PTRCs）	美国专利和商标资源中心
Patent Official Gazette	美国专利公报检索
Common Citation Document（CCD）	共同的引证文献数据库检索
Search International Patent Offices	其他国家或地区专利局检索网址链接
Search Published Sequences	公开的序列表检索
Patent Assignment Database（Assignments on the Web）	美国专利权转移检索

　　美国授权专利全文和扫描图像数据库是外观设计专利检索最为常用的检索项目，它最多向使用者提供了 31 种检索入口，检索自 1976 年以来的各种美国授权专利文献，包括对编码型全文专利说明书进行全文检索；该系统还可供公众检索 1790 年以来的各种美国授权专利，并浏览各种扫描型美国授权专利说明书。

　　专利法律状态检索可以查找专利的基本信息、缴费情况、与该专利相关手续的扫描证据等信息，以便社会公众确定专利目前的法律效力。

　　专利公报检索向使用者提供了最近 52 期电子形式的美国专利公报全部内容和最近 10 年美国专利公报中的通知（Notices）内容。

　　专利权转移数据库向使用者提供了检索方式，了解专利权转移、质押等变更情况，也可以了解专利权人实际拥有专利及专利申请公布的信息。

第二节　美国外观设计专利分类查询

　　在外观设计专利检索中，分类号扮演了极为重要的角色。对于美国而言，需要强调的是外观设计专利实行双分类号制度，即不仅有一个根据国际外观设计分类表确定的分类号，还有一个根据美国外观设计分类表（USPC）确定的分类号。在这种情况下，使用者最好对美国外观设计分类表有一定了解。表 4 - 2 是美国外观设计分类表中大类的分类情况。

表 4 - 2　美国外观设计专利分类的大类

D1	食品	D18	印刷和办公机械
D2	服装、服饰用品和缝纫用品	D19	办公用品、美术用品和教学用品
D3	旅行用品和个人用品	D20	销售设备和广告设备
D4	刷子	D21	游戏器具、玩具和体育用品
D5	纺织品或纸制品、片材	D22	武器、烟火用品、用于狩猎和捕鱼的器具
D6	家具和家居用品	D23	环境冷热处理设备、流体控制设备和卫生设备
D7	其他类未包括的制备食物或饮料的设备		
D8	工具和五金器具	D24	医疗设备和实验室设备
D9	用于商品的包装和容器	D25	建筑构件和施工元件
D10	测量仪器、检测仪器或信号仪器	D26	照明设备
D11	珠宝首饰、徽章和装饰品	D27	烟草和吸烟用品
D12	运输工具	D28	化妆用品和梳妆用品
D13	产生、分配或转化能量的设备	D29	安全、防护和救援设备
D14	录音、通信或信息检索设备	D30	动物饲养用品
D15	其他类未包括的机械	D31	洗涤、清洁和干燥机械
D16	照相设备和光学设备	D32	材料或处理设备
D17	乐器	D99	其他杂项

一、美国外观设计分类表查询页面

由于美国外观设计分类表中对大类下小类的划分十分复杂和细致，这里不再对小类进行详细展开，下面介绍两种查询美国外观设计分类表的方法。使用者可以在图 4 - 2 所示页面左侧的链接目录中选择"Patent Classification"，进入美国专利分类查询页面，输入网址 http：//www.uspto.gov/patents/resources/classification/index.jsp 进入如图 4 - 4 所示的分类表查询进入页面。

图 4 - 4　美国分类表查询进入页面

　　然后单击 "Classification Definitions，Patent" 链接，得到美国外观设计分类表查询页面，如图 4 - 5 所示。

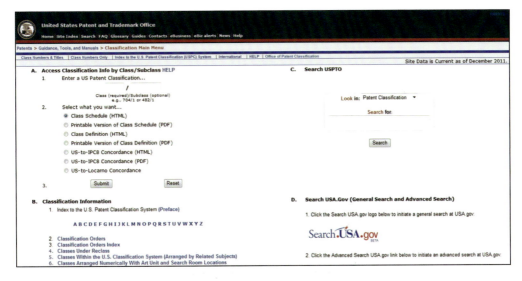

图 4 - 5　美国外观设计分类表查询页面

二、美国外观设计分类表查询方法

如图 4-5 所示页面上的 A 部分提供了一种方法查询美国外观设计分类表，这里的查询内容不仅包括了分类表本身，还有分类定义表，甚至包括美国外观设计分类表与国际外观设计分类表的对照表。

首先要在"1. Enter a US Patent Classification..."所示前后两个框内分别输入要了解的大类号和小类号，其中前面的大类号是输入的必要条件，后面的小类号是输入的非必要条件。以查询美国外观设计分类表中 D1 类为例，输入数字如图 4-6所示。

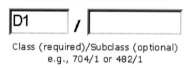

图 4-6　美国外观设计分类表中 D1 大类查询界面

然后再从"2. Select what you want..."的内容中选择需要的一项，单击"3."中的"Submit"，就可以进入目标页面。其中"2. Select what you want..."的不同选项对应进入的相关页面具体情况见表 4-3。

表 4-3　不同选项所对应的进入页面列表

选　项	对应进入的页面
Class Schedule（HTML）	该分类号的 HTML 格式的分类表
Printable Version of Class Schedule	该分类号的可打印版本的 PDF 格式的分类表
Class Definition	该分类号的 HTML 格式的分类定义表
Printable Version of Class Definition	该分类号的可打印版本的 PDF 格式的分类定义表

以 D1 类为例，选择"Class Schedule（HTML）"，进入美国外观设计 D1 大类的 HTML 格式的分类表，如图 4-7 所示。

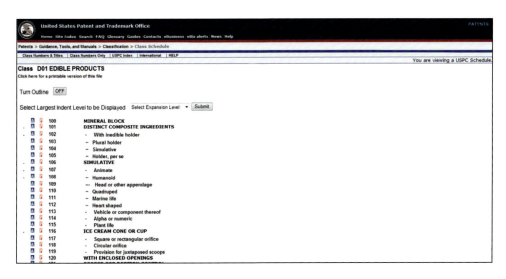

图 4 – 7　美国外观设计 D1 大类的 HTML 格式的分类表

　　分类表以竖列表的形式将该大类中的小类逐一列出，前方的数字是小类号，后面的文字是小类名，小类名前的点被称为缩位点，点数多的类属于就近上方点数少的类的继续分类，如图 4 – 8 所示。

		106	**SIMULATIVE**
		107	· **Animate**
		108	·· **Humanoid**
		109	··· **Head or other appendage**
		110	·· **Quadruped**
		111	·· **Marine life**
		112	·· **Heart shaped**

图 4 – 8　美国外观设计 D1 大类局部截图

　　那么 D1/109 类就从属于 D1/108 类，而 D1/108、D1/110、D1/111、D1/112 都从属于 D1/107 类。这样的小类分类方式形成丰富的层级，不仅便于分类员分类，也使审查员检索更加全面和高效。

　　另外单击各小类号前的红色"P"字符号，那么可以链接到该小类的授权专利检索结果列表显示页面。以 D1/106 为例，单击 106 数字前的"P"字符后，得到 D1/106 小类的授权专利检索结果列表显示页面，如图 4 – 9 所示。

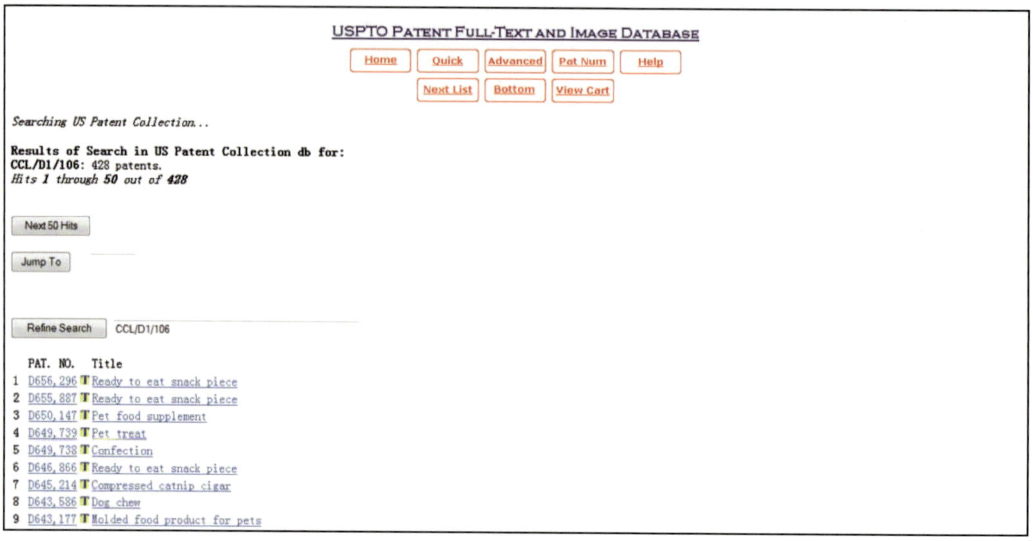

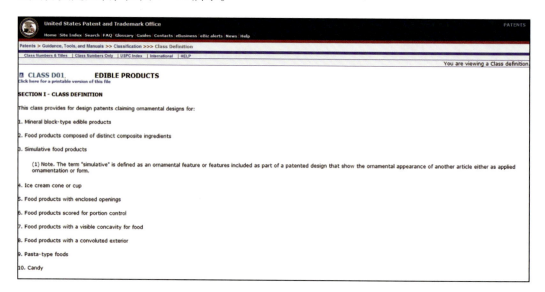

图 4 - 9　授权专利检索结果列表显示页面

这与在快速检索或高级检索中输入"CCL/D1/106"的检索条件得到的检索结果无异。

仍以 D1 类为例，选择"Class Definition"，进入美国外观设计 D1 大类的 HTML 格式的分类定义表，如图 4 - 10 所示。

图 4 - 10　美国外观设计 D1 大类的 HTML 格式的分类定义表第一部分

美国外观设计分类定义表是美国外观设计分类和检索的指南，在定义表的第一部分（如图4-10所示）撰写了大类的定义（SECTION Ⅰ-CLASS DEFINITION），指出该大类包含了哪些产品的外观设计。第二部分（如图4-11所示）介绍了这个大类涉及的其他大类（SECTION Ⅱ-REFERENCES TO OTHER CLASSES），以及涉及的具体情况。

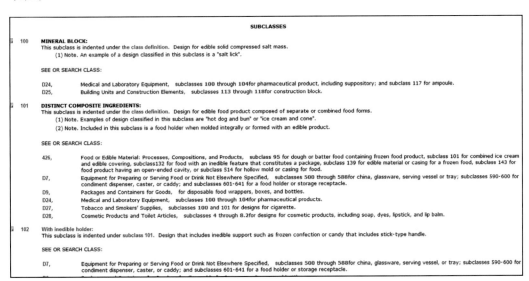

图4-11　美国外观设计 D1 大类的 HTML 格式的分类定义表第二部分

接下来是小类的名称以及逐一对小类进行的说明（如图4-12所示），说明的部分包括定义、注释（Note）、检索事项（SEE OR SEARCH CLASS）三个方面。其中定义部分不少采用图文并茂的形式，这样可以减少个体理解的误差，尽可能达到理解的一致性。

图4-12　美国外观设计 D1 大类的 HTML 格式的分类定义表小类说明

另外，使用者可以在任一分类号的分类表页面中，单击大类号，如图4-12中的"100"就可以切换到相应大类的分类定义表，反之亦然。在 HTML 页面单击"Click here for a printable version of this file"，可以得到相应的可打印版本的 PDF 格式的表格。

如图 4 - 13 所示。

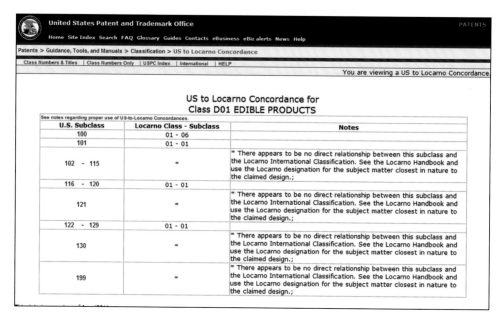

图 4 - 13 美国外观设计 D1 大类的 PDF 格式的分类定义表

再以 D1 类为例,选择 "US to Locarno Concordance",进入的是美国外观设计分类表 D1 类与国际外观设计分类表的对照表,如图 4 - 14 所示。

图 4 - 14 美国外观设计分类表 D1 类与国际外观设计分类表的对照表

第三节 美国外观设计专利检索

该检索系统中收录了 1790 年至最近一周美国专利商标局公布的全部授权专利文献，包含的专利文献类别有发明专利、外观设计专利、植物专利、再公告专利、防卫性公告和依法注册的发明。

顺着图 4 – 13 所示页面向下移动，在 10 项检索项目后面是对每项检索项目的逐一解释和执行页面的链接，如图 4 – 15 所示。

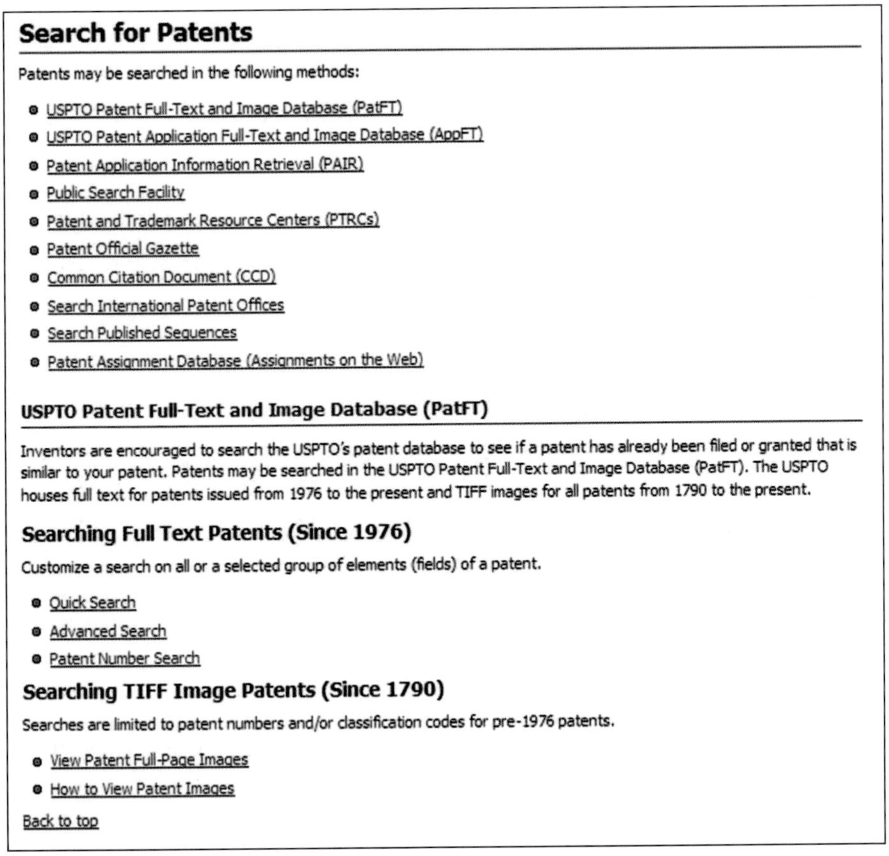

Search for Patents

Patents may be searched in the following methods:

- USPTO Patent Full-Text and Image Database (PatFT)
- USPTO Patent Application Full-Text and Image Database (AppFT)
- Patent Application Information Retrieval (PAIR)
- Public Search Facility
- Patent and Trademark Resource Centers (PTRCs)
- Patent Official Gazette
- Common Citation Document (CCD)
- Search International Patent Offices
- Search Published Sequences
- Patent Assignment Database (Assignments on the Web)

USPTO Patent Full-Text and Image Database (PatFT)

Inventors are encouraged to search the USPTO's patent database to see if a patent has already been filed or granted that is similar to your patent. Patents may be searched in the USPTO Patent Full-Text and Image Database (PatFT). The USPTO houses full text for patents issued from 1976 to the present and TIFF images for all patents from 1790 to the present.

Searching Full Text Patents (Since 1976)

Customize a search on all or a selected group of elements (fields) of a patent.

- Quick Search
- Advanced Search
- Patent Number Search

Searching TIFF Image Patents (Since 1790)

Searches are limited to patent numbers and/or classification codes for pre-1976 patents.

- View Patent Full-Page Images
- How to View Patent Images

Back to top

图 4 – 15 专利检索页面局部截图

从图 4 – 15 列出的美国授权专利全文和扫描图像数据库下方的两个检索链接可以看出，1790 ~ 1975 年的数据库只有图像型全文（Full-Page Images）数据，实际上其检索条件也仅有专利号、美国专利分类号和授权日期 3 个；而 1976 年 1 月 1 日以后的数据库除了图像型全文外，还包括可检索的授权专利基本著录项目、文摘和文本型专利全文数据（Full-Text），并且可通过最多 31 个检索条件进行检索。

作为外观设计专利检索，通常实用的是 1976 年 1 月 1 日以后的数据库。从图 4 – 15 中可以看出，这个数据库下方列举了三种检索方式：快速检索（Quick Search）、高级检索（Advanced Search）、专利号检索（Patent Number Search），下面将逐一介绍。

一、快速检索（Quick Search）

（一）界面及操作方法

在图 4 – 16 所示界面上，有一个快速生成检索表达式的查询区（Query），这个查询区仅提供了两种检索入口：Term 1 和 Term 2。与两种检索入口对应的是两个相应的检索条件选项：Field 1 和 Field 2，一般默认为所有领域（All Fields）。两个检索条件之间有一个布尔逻辑运算符选项，默认为 AND。在查询区（Query）的下方有一个年份选择（Select years）的选项。所有选项处均可以单击选项空白窗右侧的三角形图标，届时会展开一个下拉式菜单，供使用者根据检索需求选择所需的特定检索条件和检索年代。但是切记两个检索条件之间有一个布尔逻辑运算符选项，一旦涉及了两个检索条件就必须选用正确的布尔逻辑运算符，才能形成完整的检索式。如果对快速检索各项的使用方法有疑问，可以单击"Help"，这里有对检索系统非常详细的说明。

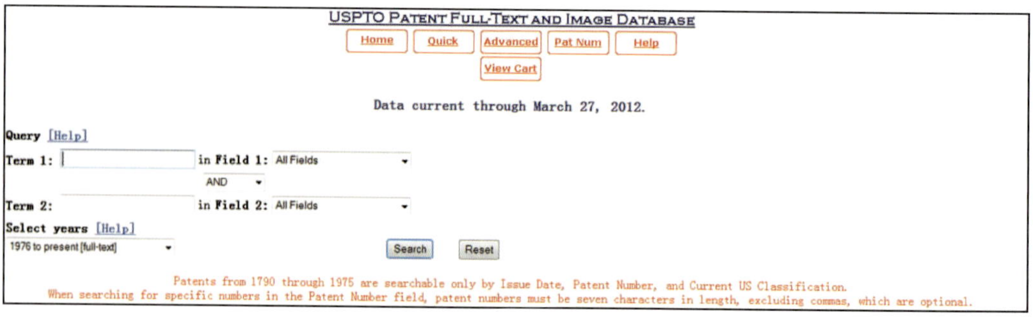

图 4 – 16　快速检索界面

快速检索的优势是检索式编辑简单，只需要按照格式要求填写检索条件，选择检索条件、布尔逻辑运算符就可以由电脑自动生成检索式进行检索。缺点就是检索条件只有两个，过少，适合使用者检索条件少而简单的情况，如查询某一外观设计所属类别下的产品名称中带有某些关键词的专利，或者在某一时间段申请或公开的专利等。

使用者通过 Field 1 和 Field 2 选择了相应的检索条件，但是对于空白的检索条件输入框内输入的检索条件应该如何书写，美国检索系统对此又有一定的格式要求。有关检索条件的详细解释和检索条件的输入格式可以单击高级检索页面下方的检索条件代码与名称对照表，那里有对检索条件代码含义及检索条件输入格式的详细说明。本书也根据外观设计检索的特色，将常用的一些检索条件输入格式加以归纳，另辟一节进行讲解，请参见本章第四部分表 4 - 4。

布尔逻辑运算符也是正确检索必须掌握的一个方面，由于本书的前面章节已经作出详细的解释，故此处不再赘述。

（二）示例

示例 1：检索产品名称中带有"high"且带有"chair"的专利，输入检索条件如图 4 - 17 所示。

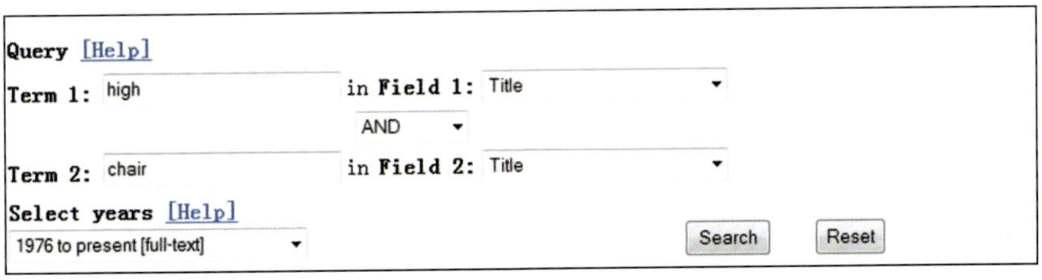

图 4 - 17 快速检索界面条件输入

二、高级检索

（一）界面及操作方法

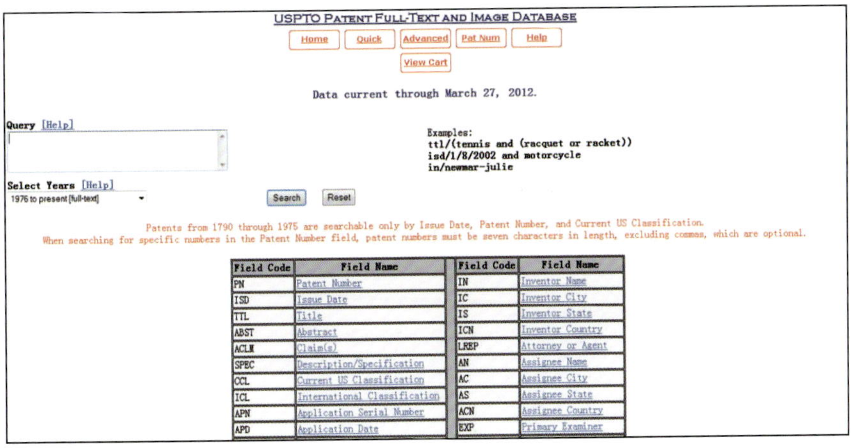

图 4 - 18 高级检索界面

在图 4 - 18 所示高级检索界面上，有一个供输入检索表达式的查询区（Query），使用者可以在此编写非常复杂的检索条件，使检索过程更加灵活，并提高检索效率。在查询区（Query）的下方有一个年份选择（Select years）的选项。年份选择框下方是检索条件代码与名称对照表，使用者单击检索条件名称便可以链接到相关检索条件的说明页面，查看该检索条件的详细解释和输入格式。检索条件代码与检索项字符串之间用"/"隔开，其中检索项字符串可以使用布尔逻辑运算符，如页面右上角（Examples）所示。如果对高级检索各项的使用方法有疑问，可以单击"Help"，获取详细说明。

查询区（Query）内输入的检索条件输入规则，请参见本章第四部分表 4 - 4。

高级检索的优势就是检索条件比较多，检索式的编写灵活、丰富。但是也要求使用者有较高的编写检索表达式的能力，适合对布尔逻辑运算符能自由运用的使用者在多重检索条件下进行检索，如查询某一外观设计所属类别下的产品名称中带有某些关键词且在某一时间段公开的专利。

（二）示例

示例 1：检索国际外观设计分类号是 06 - 01，且公开日期在 2005 年 9 月 18 日到 2006 年 9 月 18 日，并且产品名称中带有"chair"这个词的专利。检索式编辑如图 4 - 19 所示，检索结果如图 4 - 20 所示。

图 4 - 19   高级检索界面条件输入

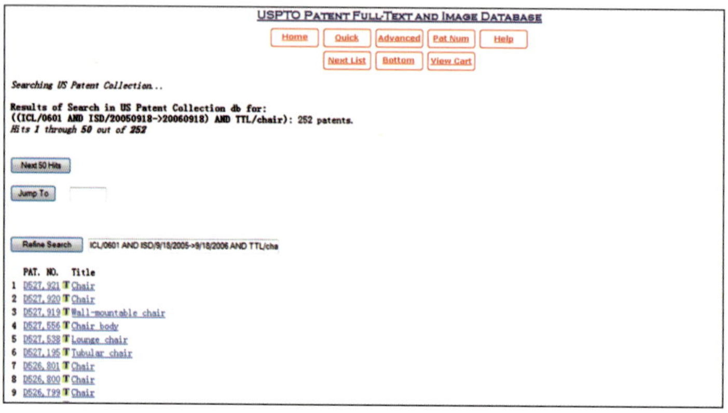

图 4 - 20   检索结果列表显示

示例2：检索专利的产品名称中带有"chair"或"folding"中任意一个单词，且不带有"high"这个词，并且国际外观设计分类号属于06大类中的01小类到09小类，且申请日期在2005年9月18日到2006年9月18日的专利。检索式编辑如图4-21所示，检索结果如图4-22所示。

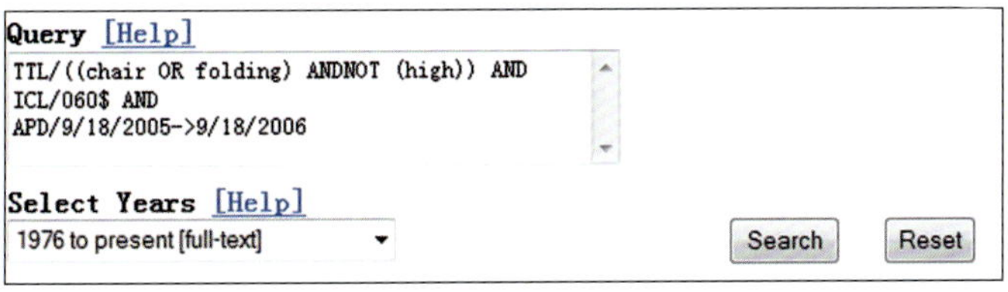

图4-21　高级检索界面条件输入

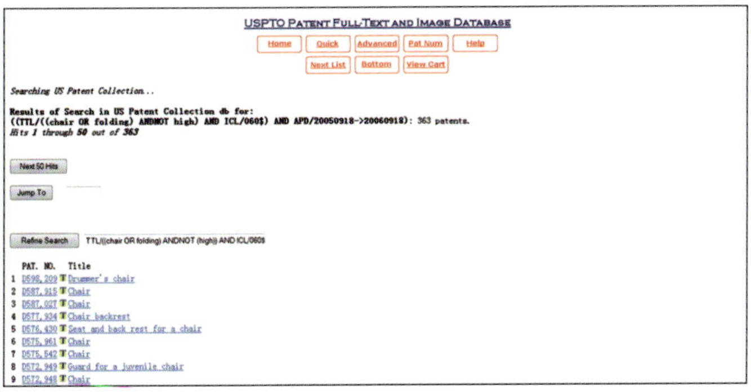

图4-22　检索结果列表显示

在此，将第51~58项检索结果放大截图如图4-23所示。可以看出，通过上面的检索式得到的结果，产品名称中有的带有"Chair"，有的带有"Folding"，但是没有任何一个产品名称中带有"High"。

图4-23　检索结果列表显示局部截图

　　无论是快速检索，还是高级检索，在检索结果的页面上都有一个"Refine Search"按钮，其后的方框内是当前使用的检索式，当使用者对目前的检索结果不满意，可以在这个方框内修改检索式，使检索结果更加完善。如图 4 – 24 所示，我们在上面所示例子的检索结果页面上"Refine Search"后的方框内进行修改，在上述检索结果中检索发明人姓名中包含"David"的，可以在方框内已有的检索式后加入"AND IN/David"。检索范围再一次缩小，仅有 9 件检索结果，如图 4 – 25 所示。

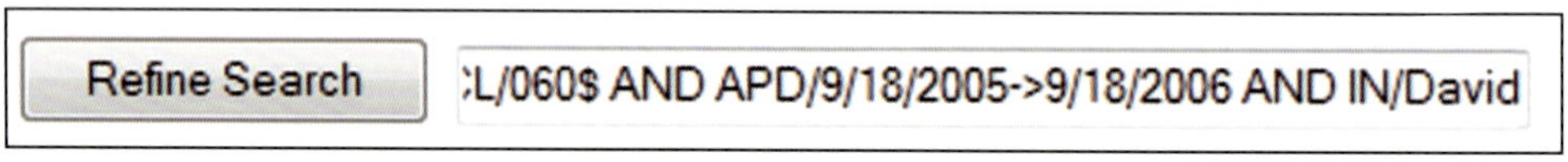

图 4 – 24　检索结果列表显示界面检索式的修改

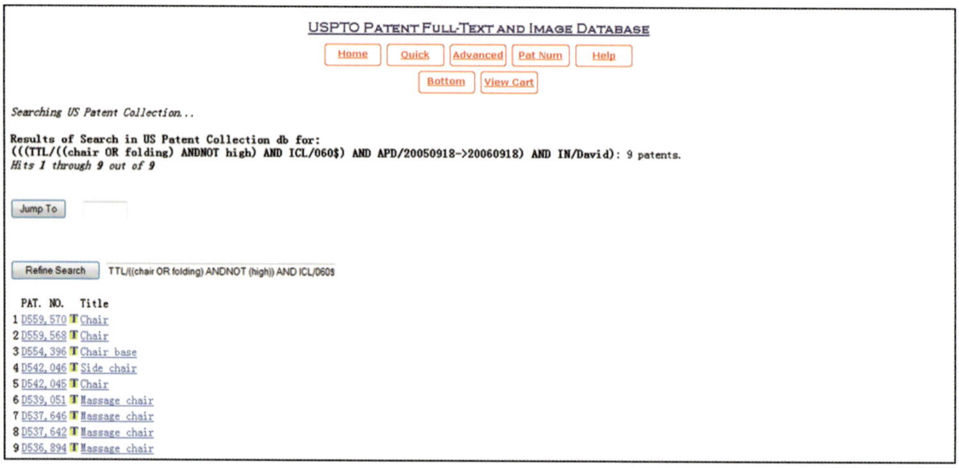

图 4 – 25　检索结果列表显示

三、专利号检索

（一）界面及操作方法

　　在图 4 – 26 所示专利号检索界面上，仅有一个专利号输入的框。使用者可以将已知的专利号输入这个框中进行检索，外观设计的专利号码前需要添加专利类型代码 D。输入框里可以一次性输入多个专利号，包括多个不同专利类型的专利号，相互之间用空格相隔，也可以用逻辑运算符 OR 隔开。专利号数字间的逗号可以缺省。

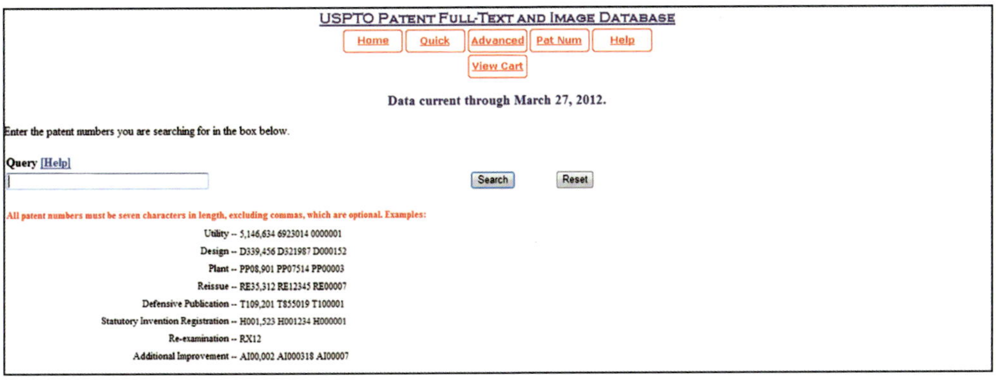

图 4 – 26 专利号检索界面

（二）示例

示例说明：检索美国外观设计专利号为 D559570、D559568、D554396、D542046 的四个专利。检索式编辑如图 4 – 27 所示，检索结果如图 4 – 28 所示。

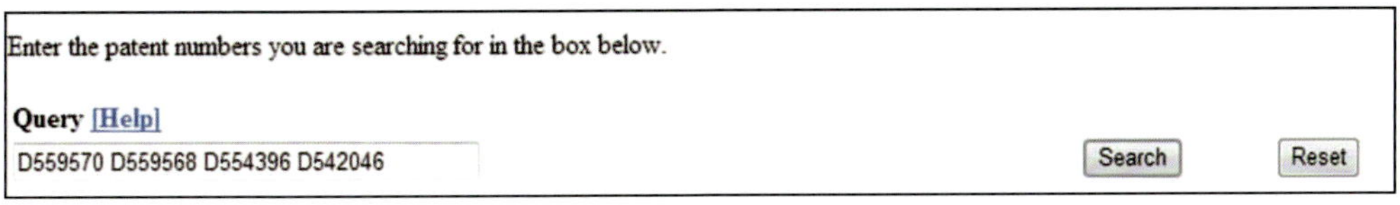

图 4 – 27 专利号检索界面条件输入

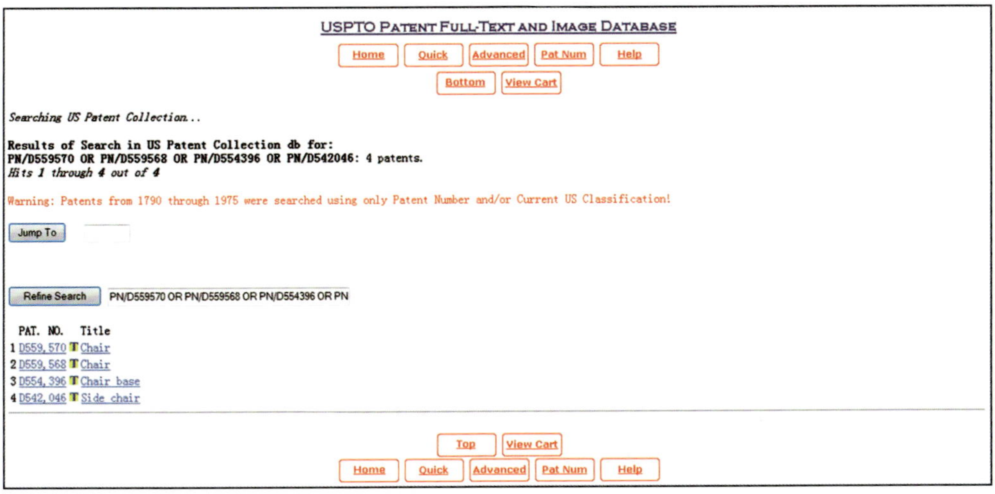

图 4 – 28 检索结果列表显示

四、检索输入格式汇总

美国检索系统对检索条件的输入有严格的要求。首先，输入的检索条件应填写或选择该检索条件的简写代码；其次，使用者必须掌握每项检索条件的输入格式。有关检索条件的详细解释和输入格式可以单击高级检索页面下方的检索条件与其简写代码对照表，如图 4－29 所示。

Field Code	Field Name	Field Code	Field Name
PN	Patent Number	IN	Inventor Name
ISD	Issue Date	IC	Inventor City
TTL	Title	IS	Inventor State
ABST	Abstract	ICN	Inventor Country
ACLM	Claim(s)	LREP	Attorney or Agent
SPEC	Description/Specification	AN	Assignee Name
CCL	Current US Classification	AC	Assignee City
ICL	International Classification	AS	Assignee State
APN	Application Serial Number	ACN	Assignee Country
APD	Application Date	EXP	Primary Examiner
PARN	Parent Case Information	EXA	Assistant Examiner
RLAP	Related US App. Data	REF	Referenced By
REIS	Reissue Data	FREF	Foreign References
PRIR	Foreign Priority	OREF	Other References
PCT	PCT Information	GOVT	Government Interest
APT	Application Type		

图 4－29　检索条件与其简写代码对照表

现将外观设计专利检索中常用的检索条件的输入格式加以整理，如表 4－4 所示。

表 4－4　外观设计专利检索常见的检索条件的输入格式列表

简写代码	检索条件	输入格式
PN	Patent Number（专利号）	查询外观设计专利号码前必须加类型代码 D，如 D559570 、D559，568、D559 $
APN	Application Serial Number（申请号）	美国专利的申请号一般为六位数字，之前用 "/" 隔开的两位数字代表了专利的类别。如 29/258，508，申请号为 258508，其中 29 代表了专利申请的类别是外观设计。那么已知 29/258，508 这一申请号后，输入格式应为：APN/258，508 AND APT/4

续表

简写代码	检索条件	输入格式
TTL	Title（专利名称）	可以使用布尔逻辑运算符进行组合检索，如（（folding and chair）ANDNOT（high））。当检索条件是词组时，词组两端要用英文输入法的双引号。如检索 folding chair，那么应该输入"folding chair"
ABST	Abstract（文摘）	
ACLM	Claim（s）（权利要求）	
SPEC	Description/Specification（说明书）	
ISD	Issue Date（公布日期）	当检索日期是一个确定的日期，如 1996 年 1 月 3 日，输入格式有以下几种：19960103、1 – 3 – 1996、Jan – 3 – 1996、January – 3 – 1996、1/3/1996、Jan/3/1996、January/3/1996。检索 1995 年 1 月整个月，输入格式有以下几种：1/$/1995、1/1/1995 – >1/31/1995。检索 1995 年 1 月 1 日到 1995 年 2 月 14 日一段时间，输入格式如下：1/1/1995 – >2/14/1995
APD	Application Date（申请日期）	
IN	Inventor Name（发明人姓名）	个人输入格式：姓 – 名 – 中间名，例如：John E. Doe 输入格式如下：Doe – John – E、Doe – $、Doe – John $、Doe – J $。又如：Thompson David W. 输入格式如下：Thompson – David – W、Thompson – $、Thompson – David $、Thompson – Da $。法人或单位的输入是词组时，输入格式在词组两端要用英文输入法的双引号。例如：宝洁公司 The Procter Gamble Company 输入格式如下："The Procter Gamble Company"
AN	Assignee Name（受让人姓名）	
EXP	Primary Examiner（主要审查员）	
EXA	Assistant Examiner（助理审查员）	
LREP	Attorney or Agent（律师或代理人）	
CCL	Current US Classification（当前美国分类）	输入格式：大类/小类 例如：D9/414、D7/316、D28/2、D1/107
ICL	International Classification（国际专利分类）	输入格式：大类小类 例如：0901、2802
PARN	Parent Case Information（母案信息）	

简写代码	检索条件	输入格式
RLAP	Related US App. Data（相关国内申请）	
PRIR	Foreign Priority（外国优先权）	
APT	Application Type（申请类型）	数字与专利类型的对应关系如下： 1 = Utility 实用专利 2 = Reissue 再版专利 4 = Design 外观设计专利 5 = Defensive Publication 防卫性公告 6 = Plant 植物专利 7 = Statutory Invention Registration 依法登记的发明
IC	Inventor City（发明人所在城市）	
AC	Assignee City（受让人所在城市）	
IS	Inventor State（发明人所在州）	
AS	Assignee State（受让人所在州）	
ICN	Inventor Country（发明人国籍）	
ACN	Assignee Country（受让人国籍）	
REF	Referenced By（US 参考文献）	
FREF	Foreign References（外国参考文献）	
OREF	Other References（其他参考文献）	

说明：

（1）检索词无论大小写输入，检索结果相同。

（2）$ 符号是通配符，逻辑检索允许使用通配符 "$" 代替某些字符串后面（注意只能是后面，而不能是前面或中间）的零个、一个或多个数字、字母、符号。输入的检索条件是短语的情况下不能使用通配符。

（3）如果不在特定检索条件下检索，即选择的检索条件是 "all fields" 时，前面字符串至少 4 个字符，如果在特定检索条件下检索，如专利号、专利人等则前面字符串至少 3 个字符。

示例说明：在专利号检索页面上，专利号的输入采用通配符 $ 进行检索，输入：D55957 $ ，如图 4 - 30 所示。

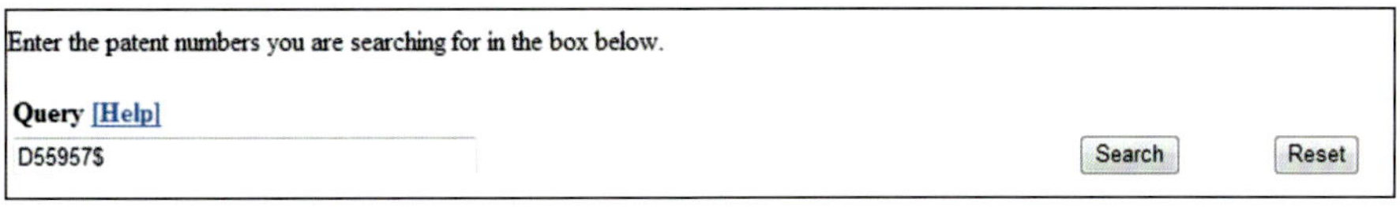

图 4 – 30　专利号检索界面通配符输入

检索到美国外观设计专利号以 55957 开始的所有外观设计专利，共计 10 项专利。结果如图 4 – 31 所示。

图 4 – 31　检索结果列表显示

五、检索结果的显示

检索结果有三个不同的显示页面：检索结果列表显示页面、文本型专利全文显示页面、图像型专利说明书全文显示页面。

(一) 检索结果列表显示页面

在输入检索条件后，首先显示的是检索结果列表，如图 4 – 32 所示。每一页面显示 50 个专利，其中 PAT. NO. 一列表示的是专利号，Title 一列表示的是专利名称，专利号前方的序号是按照专利文献公布日期由后到前的顺序排列，即最近公布的专利文献排在最前面。由于页面一次只能显示 50 条记录，那么必须通过单击 "Next List" 或 "Next 50 Hits" 查阅后面的文献，通过单击 "Prev. List" 或 "Prev. 50 Hits" 查阅前面的文献。通过在 "Jump To" 后方的输入框内输入想要查阅的页数进行页面跳转。

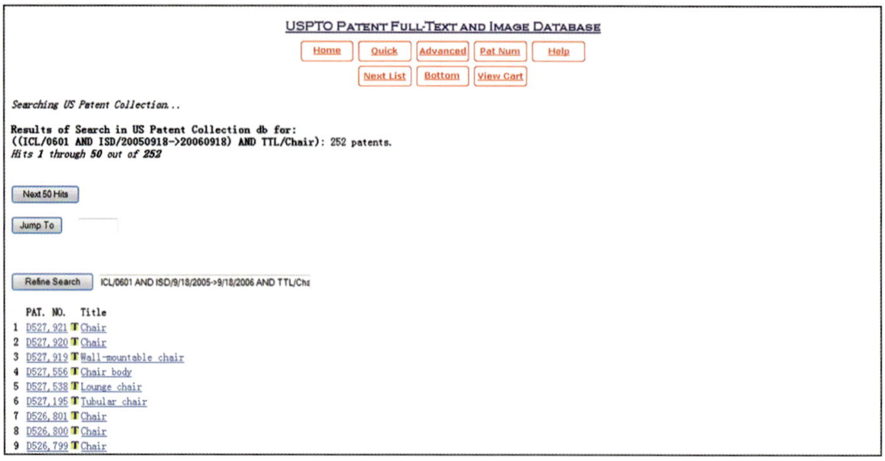

图 4 – 32　检索结果列表显示页面

专利名称前方有一个图标，有的是 **T**，代表该专利有专利全文数据（full-text）；有的是 **■**，代表该专利仅有图像型全文数据（Full-Page Images）。

（二）文本型专利全文显示页面

在图 4 – 33 所示页面，单击所需的专利号或专利名称，系统就会进入文本型专利全文显示页面，以 D523652 专利为例，如图 4 – 33 所示。

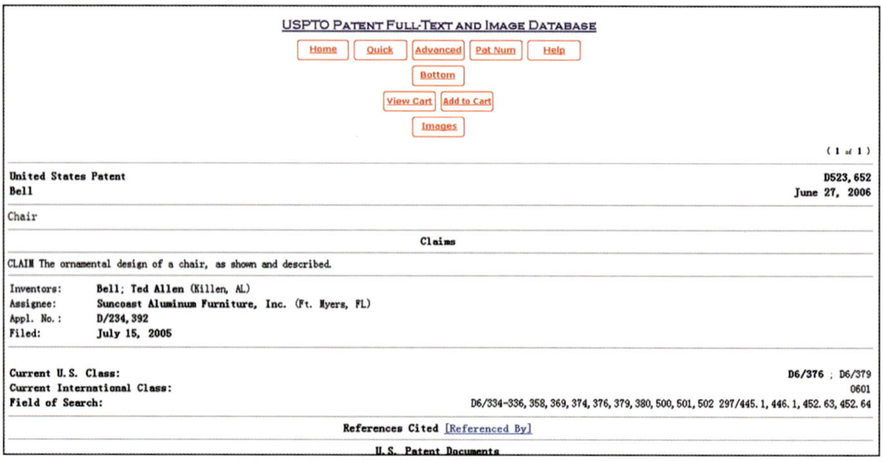

图 4 – 33　文本型专利全文显示页面

页面中清晰地显示了外观设计专利 D523652 的基本著录项目，如：专利号、申请号、申请日、公开日、发明人、专利权受让人、产品名称、国际外观设计分类号、当前美国外观设计分类号、检索领域分类号等信息。

值得一提的是，“References Cited”一栏显示了该专利引用的文献，包括美国专利文献和非专利文献，如图 4－34 所示。系统对美国专利提供了链接，直接单击任意一个专利号，系统直接进入该专利的文本型专利全文显示页面。这极大地方便了使用者迅速浏览引用的专利参考文献的需求，而无须返回检索页面再进行检索。

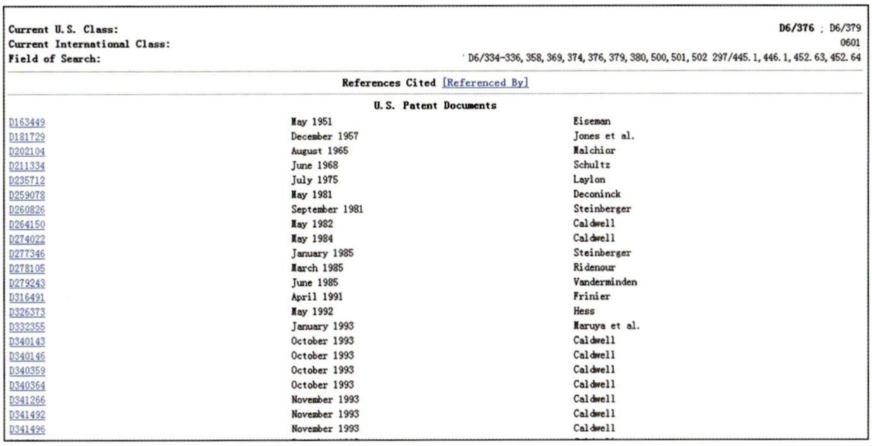
Current U.S. Class: D6/376 ; D6/379
Current International Class: 0601
Field of Search: D6/334-336, 358, 369, 374, 376, 379, 380, 500, 501, 502 297/445.1, 446.1, 452.63, 452.64

References Cited [Referenced By]

U.S. Patent Documents

D163449	May 1951	Eiseman
D181729	December 1957	Jones et al.
D202104	August 1965	Malchior
D211334	June 1968	Schultz
D235712	July 1975	Laylon
D259078	May 1981	Deconinck
D260826	September 1981	Steinberger
D264150	May 1982	Caldwell
D274022	May 1984	Caldwell
D277346	January 1985	Steinberger
D278105	March 1985	Ridenour
D279243	June 1985	Vanderminden
D316491	April 1991	Frinier
D326373	May 1992	Hess
D332355	January 1993	Maruya et al.
D340143	October 1993	Caldwell
D340146	October 1993	Caldwell
D340359	October 1993	Caldwell
D340364	October 1993	Caldwell
D341266	November 1993	Caldwell
D341492	November 1993	Caldwell
D341496	November 1993	Caldwell

图 4－34 专利引用的文献显示界面

在图 4－34 所示页面中，单击“Referenced By”这一链接，可直接检索到当前专利文献 D523652 被哪些文献引用过，如图 4－35 所示。这与快速检索或高级检索中检索式 REF/D523652 的结果一致。

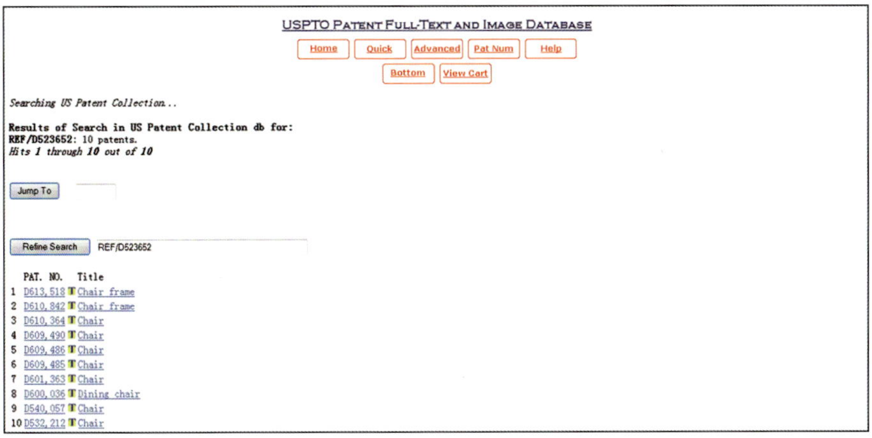
USPTO PATENT FULL-TEXT AND IMAGE DATABASE

Home | Quick | Advanced | Pat Num | Help

Bottom | View Cart

Searching US Patent Collection...

Results of Search in US Patent Collection db for:
REF/D523652: 10 patents.
Hits 1 through 10 out of 10

Jump To

Refine Search REF/D523652

	PAT. NO.	Title
1	D613,518	Chair frame
2	D610,842	Chair frame
3	D610,364	Chair
4	D609,490	Chair
5	D609,486	Chair
6	D609,485	Chair
7	D601,363	Chair
8	D600,036	Dining chair
9	D540,057	Chair
10	D532,212	Chair

图 4－35 检索结果列表显示页面

随便单击其中一个专利号或专利名称，便可以进入该专利的文本型专利全文显示页面，在 References Cited 一栏中能查找到 D523652，如单击 D609486，在该专利的文本型专利全文显示界面中 References Cited 一栏的显示结果如图 4－36 所示。

D515327	February 2006	Mohundro
D515328	February 2006	Mohundro
D515329	February 2006	Mohundro
D516829	March 2006	Mohundro
D518969	April 2006	Mohundro
D519293	April 2006	Lowsky
D519762	May 2006	Lowsky
D520766	May 2006	Lowsky
D520767	May 2006	Lowsky
D521263	May 2006	Lowsky
D521758	May 2006	Lowsky
D522767	June 2006	Camp et al.
D522778	June 2006	Lowsky
D523652	June 2006	Bell
D524565	July 2006	Franks
D524566	July 2006	Lowsky
D525444	July 2006	Lowsky
D525797	August 2006	Lowsky
D525798	August 2006	Lowsky
D525799	August 2006	Lowsky
D525800	August 2006	Lowsky
D526800	August 2006	Tseng
D529305	October 2006	Domack et al.
D529729	October 2006	Kreiss
D535114	January 2007	Goldstein
D537264	February 2007	Warren
D539556	April 2007	Doughty
D540056	April 2007	Doughty
D541066	April 2007	Lowsky
D542044	May 2007	Doughty

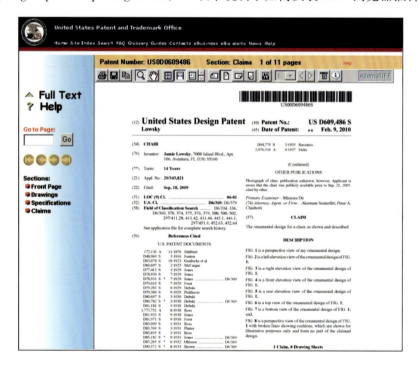

图 4－36　专利引用的文献显示界面

（三）图像型专利说明书全文显示页面

在文本型专利全文显示页面中，单击“Images”，即可进入图像型专利说明书全文显示页面，如图 4－37 所示。但是，在显示图像型专利说明书全文之前必须安装 TIFF 浏览器插件。这在“help”的“How to Access Patent Full-page Images”（http://www.uspto.gov/patft/help/images.htm）一项中说明了如何安装 TIFF 浏览器插件。

图 4－37　图像型专利说明书全文显示页面

只有正确安装、使用 TIFF 浏览器插件，使用者才可以查看、保存或打印图像型专利说明书全文。

第四节　美国专利法律状态检索

要想全面了解一个专利的情况，有时还需要了解该专利的法律状态，是否因为欠费而提前终止，甚至是否已经失效。由于专利权转让、质押的情况屡有发生，故要全面了解一个专利的法律状态，还必须了解其专利权转移、质押等变更的情况。

一、专利法律状态检索

（一）页面及操作方法

法律状态查询页面的网址是：http://www.uspto.gov/patents/process/status/index.jsp。另外，使用者可以在图 4 - 38 所示页面左侧的链接目录中选择"Patent Process"下的"Check Status"，同样可以进入美国专利法律状态查询页面。

图 4 - 38　美国专利法律状态查询进入页面

　　在图 4 - 38 所示页面的中部，单击"Public PAIR"，便可以查询公开的专利和公布的申请。单击后首先进入一个需要输入验证码的页面，如图 4 - 39 所示。

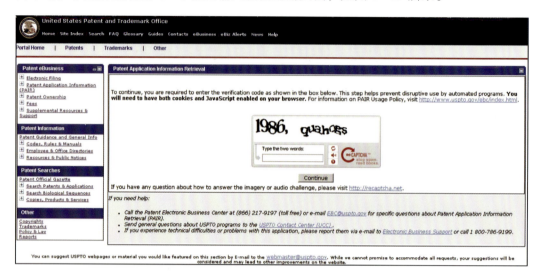

图 4 - 39　美国专利法律状态查询输入验证码页面

　　使用者只需要按照框内显示输入相同文字，单击"Continue"，就可以进入正式查询的页面，如图 4 - 40 所示。

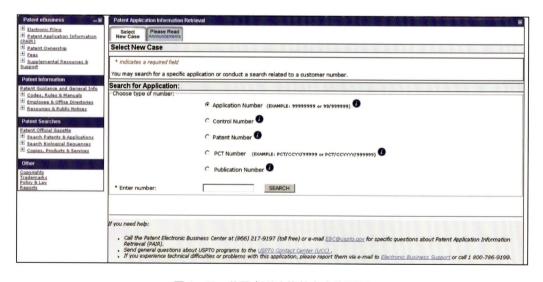

图 4 - 40　美国专利法律状态查询页面

　　社会公众可以在正式查询的页面上输入一个美国外观设计申请号或专利号来查询美国外观设计专利的法律状态。

（二）示例

示例说明：检索专利号为 D541065 的美国外观设计专利的法律状态，在正式的查询页面上输入专利号：D541065。单击"Application Date"得到的页面显示的是专利申请的著录项目信息，如图 4 – 41 所示。

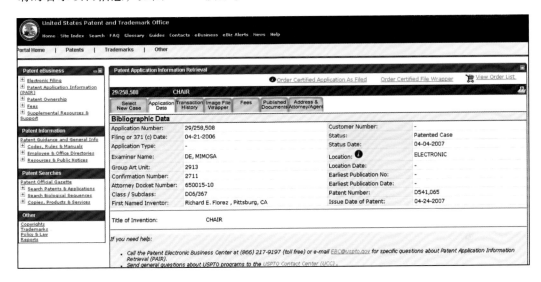

图 4 – 41　著录项目信息显示页面

单击"Transaction History"得到的页面显示的是该专利相关权利的变更历史，如图 4 – 42所示。

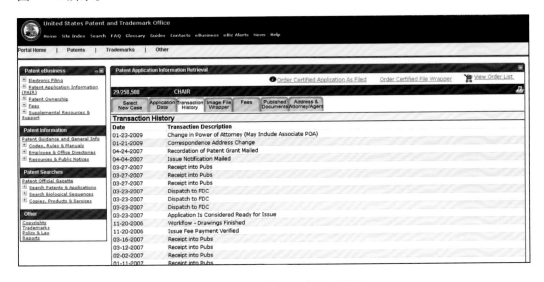

图 4 – 42　权利变更历史显示页面

单击"Image File Wrapper"得到的页面显示的是与该专利相关手续的扫描证据，如图4-43所示。其中单击任何一个链接都可以得到一份相关手续的扫描文件。

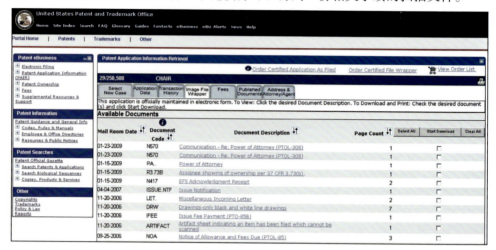

图4-43 扫描证据显示页面

单击"Fee"得到的页面显示的是该专利缴费的各项情况，包括缴费的时间期限，因缴费而导致的各种权利状态，如未缴纳足够的维持费而导致专利权终止等，如图4-44所示。单击"Retrieve Fees to Pay"（查询需要缴纳的费用），可以得知这一专利的具体的缴费情况，如图4-45所示。

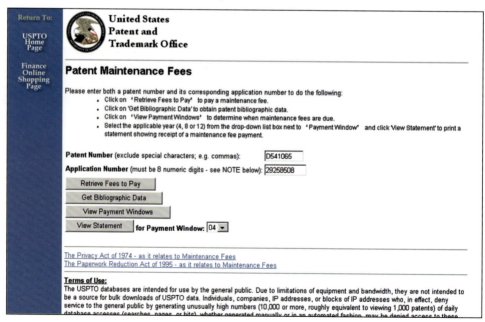

图4-44 专利缴费情况显示页面

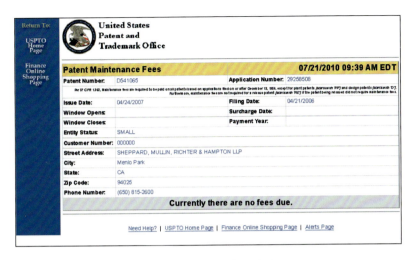

图 4 – 45　需要缴纳的费用查询页面

单击"Published Documents""Address & Attorney/Agent"得到的页面分别显示的是该专利的出版公报、联系地址及代理律师或代理人的情况，此处不再赘述。

二、专利权利转移检索

美国专利权利转移检索仅收录美国授权专利和专利申请公布的权利转移登记信息。

（一）页面及操作方法

使用者在图 4 – 3 专利检索页面上部列举的 10 项检索项目中单击"Patent Assignment Database（Assignments on the Web）"，跳转到该页面底端上述检索方法的具体介绍处，单击"Visit Assignments on the Web"，可以链接到专利权转移的检索页面，如图 4 – 46 所示。

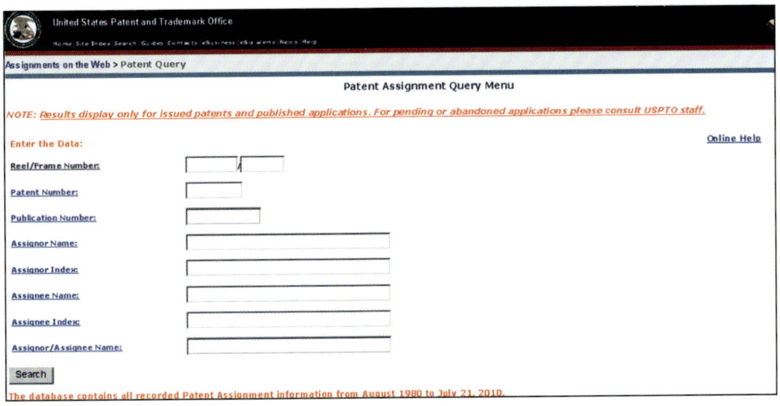

图 4 – 46　专利权利转移的检索页面

专利权利转移的检索页面中检索条件很多，常用的有以下几类，详见表 4 – 5。

表 4 – 5　常见的检索条件

检索条件（英文）	检索条件（中文译文）
Reel/Frame Number	专利权转移卷宗号
Patent Number	专利号
Publication Number	公告号
Assignor Name	转让人的名称或名称

（二）示例

示例说明：检索专利号为 D541065 的美国外观设计专利的专利权利转移情况，在图 4 – 46 所示页面上输入美国外观设计专利号：D541065。得到 D541065 的专利权转移情况，如图 4 – 47 所示。页面上显示的信息包括：专利权转移卷宗号、登记日期、让与类别、专利权信息、转让人信息、受让人信息、相对应的地址等。

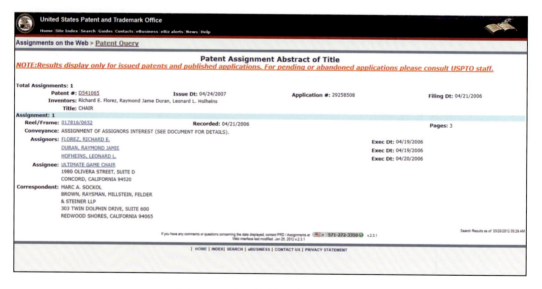

图 4 – 47　专利权转移情况显示页面

其中的让与类别（Conveyance）主要有转让人利益转移（Assignment of Assignors Interest）、地址变更（Change of Address）、风险抵押（Security Agreement）、解除抵押（Release Agreement）等。

第五节　美国专利公报浏览

一、美国专利公报浏览页面及操作方法

使用者在图 4 – 3 所示页面上部列举的 10 项检索项目中单击 "Patent Official Gazette"（美国专利公报检索），得到如图 4 – 48 所示页面，再单击 "Visit Official Gazette"（浏览公报），得到美国外观设计专利公报网络浏览页面，如图 4 – 49 所示。

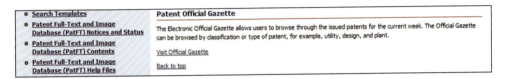

图 4 – 48　专利检索页面局部截图

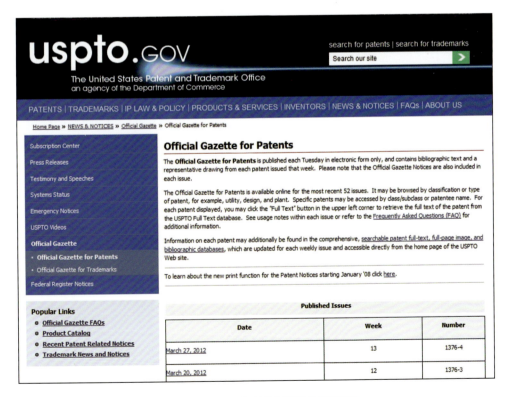

图 4 – 49　美国专利公报网络浏览页面

美国外观设计专利公报网络浏览页面显示了最近 52 期电子版美国专利公报。单击任意一期公报的出版日期，例如单击"March 27，2012"（2012 年 3 月 27 日），便可以进入如图 4 - 50 所示页面，浏览 2012 年 3 月 27 日出版的公报。

OFFICIAL GAZETTE

of the

UNITED STATES PATENT AND TRADEMARK OFFICE

PUBLISHED WEEKLY BY AUTHORITY OF CONGRESS

PATENTS
Vol. 1376 Number 4
March 27, 2012

While measures have been taken to provide accurate and
complete information
errors and omissions may occur.

United States Department of Commerce
U.S. Patent and Trademark Office
Electronic Information Products Division
RSQ-5C00
P.O. Box 1450
Alexandria, VA 22313-1450

Continue

图 4 - 50　美国外观设计专利公报

单击"Continue"，进入如图 4 - 51 所示页面。

Welcome to the Electronic Official Gazette for Patents (eOG:P).

Links are provided to the full text of the patent in the USPTO Full-Text Database from each patent bibliographic record. Click on the Full Text button in the upper left corner of the patent record to jump to the full text.

United States Patent and
Trademark Office

· Browse by Class-Subclass
· Classification of Patents
· Browse Granted Patents
· Index of Patentees
· Geographical Index of Inventors
· Notices
· Help

- The Electronic Official Gazette allows you to browse through the issued patents for the week. The eOG:P can be browsed by classification or type of patent, for example, utility, design, and plant. Specific patents can be accessed by class/subclass or patentee name.
- Links are provided on the left to the various sections of the eOG:P. Click on the section title to use these pages:
  ○ *Browse by Class/Subclass* page to access patents by a specific classification
  ○ *Classification of Patents* page with links to patents by a range of classifications
  ○ *Browse Granted Patents* page to access a patent by patent number or link to patents by type
  ○ *Index of Patentees* page to browse by names of inventors and assignees in either a cumulative alphabetical index or individual indexes by type of patent. Each patentee listing contains a link to the patent.
  ○ *Geographical Index of Inventors* to link to patents by the state or country of residence of the first listed inventor
  ○ *Notices* page containing the text of important notices for the week
  ○ *Help*
- The left window is considered "Home." Clicking the "Home" button from any other page will return you to this main listing.

图 4 - 51　美国外观设计专利公报浏览目录

在图 4 - 51 所示页面中，左侧是公报浏览的目录，单击就可以进入相关的浏览页面，浏览这一期专利公报。

二、浏览美国专利公报

（一）按分类号浏览

单击"Browse by Class/Subclass"进入按美国专利分类号浏览的页面。在图 4 - 52 左侧图所示的类别输入框内输入某一美国外观设计分类号，输入结果如图 4 - 52 右侧图所示，单击"Go"就可以检索到这一期公报中该类美国外观设计专利。其中大类（Class）的类别框必须输入，小类（Subclass）可以选择性输入。

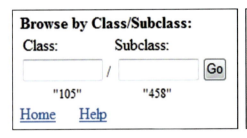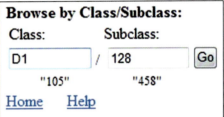

图 4 - 52　美国外观设计专利公报分类号输入框

（二）示例

以 2012 年 3 月 27 日出版的这期公报为例，输入美国分类号 D1/128，得到如图 4 - 53所示页面。

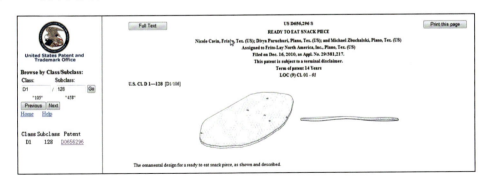

图 4 - 53　美国外观设计专利公报

左侧列表列出了 D1/128 类别下本期公报公布的所有专利。如果有多个专利，那么单击左侧的每一项专利号，右侧会出现该专利的电子公告信息。

（三）按分类号分组浏览

单击"Classfication of Patents"进入按美国分类号分组浏览的页面，如图 4 - 54 所示。

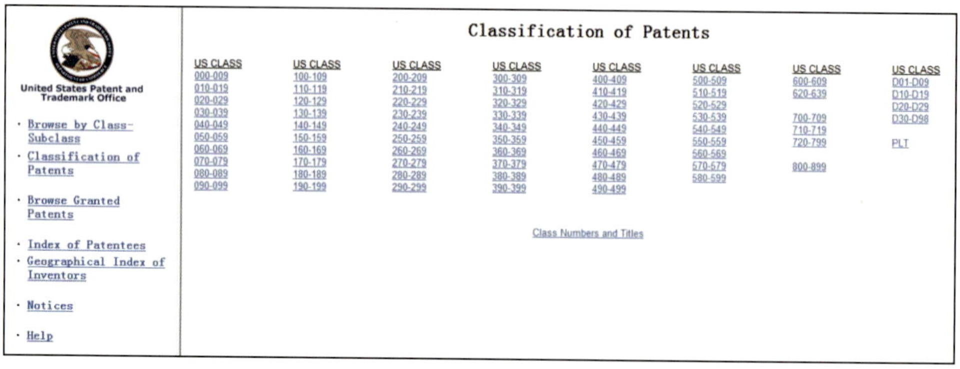

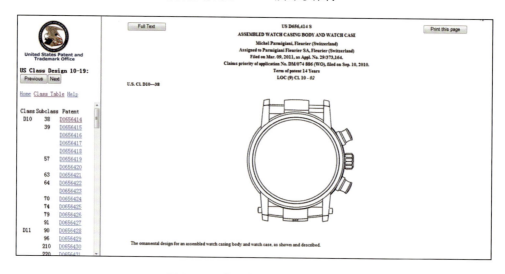

图 4 - 54　美国外观设计专利公报分组浏览页面

在图 4 - 54 的右上角，美国外观设计的大类分类号按一定方式分组排列：D01 - D09、D10 - D19、D20 - D29、D30 - D98，使用者可以单击其中任意一个链接，便可浏览这一期公报该组下的各分类号的美国外观设计。

例如单击"D10 - D19"后得到如图 4 - 55 所示页面：

图 4 - 55　美国外观设计专利公报

在图 4 - 55 所示页面的左侧列表显示出了 D10 - D19 这个类别组内这一期公报公布的所有美国外观设计专利。通过单击左侧的每一项专利号，右侧会出现该专利的电子公告信息。

（四）按授权专利浏览

单击"Browse Granted Patents"进入按授权专利浏览的页面。如图 4 - 56 所示。在这个页面，使用者可以根据专利号或按照专利类别来浏览专利公报。

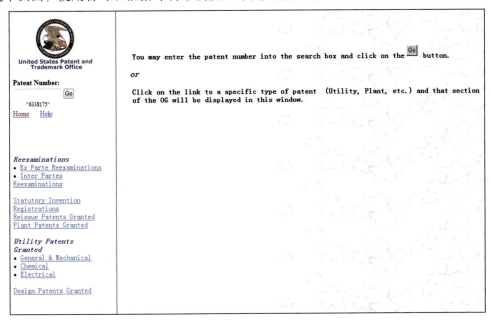

图 4 - 56　美国外观设计专利公报专利类别浏览页面

使用者可以在图 4 - 56 所示页面左上角的输入框中输入专利号，如 D0656414，单击"Go"浏览该外观设计专利，如图 4 - 57 所示。

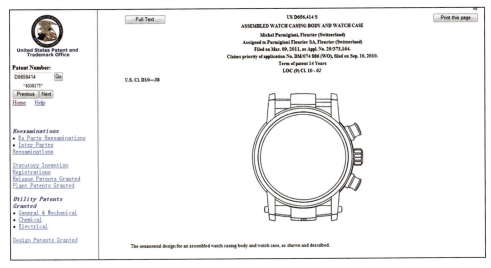

图 4 - 57　美国外观设计专利公报

使用者可以单击图 4 - 57 所示页面左侧最底部的"Design Patents Granted"（授权外观设计专利），浏览这一期公报公告的所有授权的外观设计专利。如图 4 - 58 所示。

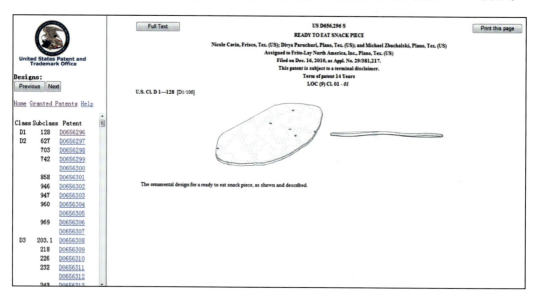

图 4 - 58　美国外观设计专利公报

（五）按专利权人浏览

单击"Index of Patentees"进入按专利权人浏览的页面，如图 4 - 59 所示。在这个页面的左侧列出了两个链接，一个是按照专利的发明人或受让人名字首字母顺序排列的索引（Patentees in Alphabetical Order）来查找专利，如图 4 - 60 所示；一个是按照专利的类别（Patentees by Type）来查找专利，所示页面左侧的设置有六项不同专利的链接，单击"Designs"，便在页面右侧出现这一期公报公告的所有外观设计授权专利，其中每一个专利号都与相关专利记录相链接，便于单击进入，如图 4 - 61 所示。

图 4 - 59　美国外观设计专利公报专利权人浏览页面

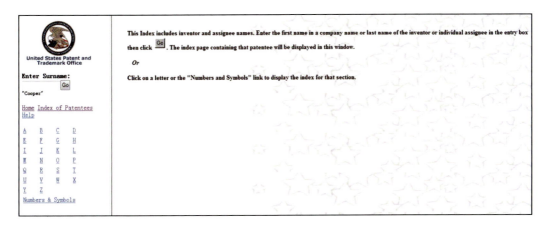

图 4-60　美国外观设计专利公报专利权人浏览页面

图 4-61　美国外观设计专利公报专利权人浏览页面

（六）按第一发明人地理位置浏览

单击"Geographical Index of Inventors"进入按第一发明人地理位置浏览的页面，如图 4-62 所示。页面右侧列举出美国主要的州名，单击可以进入第一发明人所在州的专利。州名后方括号内的数字表示这一期公报中第一发明人所在州的专利数量。如果要查阅的专利的第一发明人居住国并非美国，那么可以单击"See Other Countries"，显示页面如图 4-63 所示。

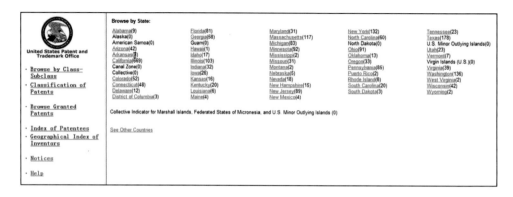

图 4 – 62   美国外观设计专利公报发明人地理位置浏览页面

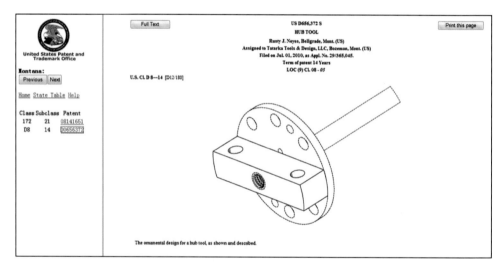

图 4 – 63   美国外观设计专利公报

第六节   谷歌对美国授权专利的检索

谷歌在 2006 年 12 月 13 日推出谷歌专利检索（Patent Search），它涵盖了美国、中国、德国、加拿大、欧洲内部市场协调局（OHIM）、世界知识产权组织（WIPO）几个国家或地区的数据，其中对美国，最早可找到 1790 年的专利文件，目前为广大用户免费使用。它提供了更为亲和的专利检索页面，特别是对美国的外观设计检索，可以以缩略图形式显示。但目前该网站极不稳定，在此仅作简单地介绍。

谷歌专利检索的网址是：http：∥www. google. com∕patents。检索页面如图 4 –64 所示。

图 4 – 64　谷歌专利检索页面

　　在所示界面的输入框如输入任意检索关键词，页面会直接跳转进入谷歌专利检索的操作界面，如图 4 – 65 所示。

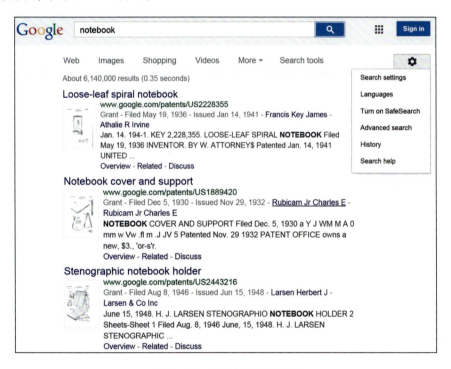

图 4 – 65　谷歌专利检索界面

　　点击界面右上角的齿轮图标，会出现谷歌检索界面的习惯设置，包括检索设置、语言设置、高级检索、历史记录、检索帮助等。在这里，习惯使用中文的检索者，可以设置为中文。下面我们主要介绍高级检索的检索过程，点击齿轮图标，选择高级检索选项，进入图 4 – 66 所示的高级检索界面。

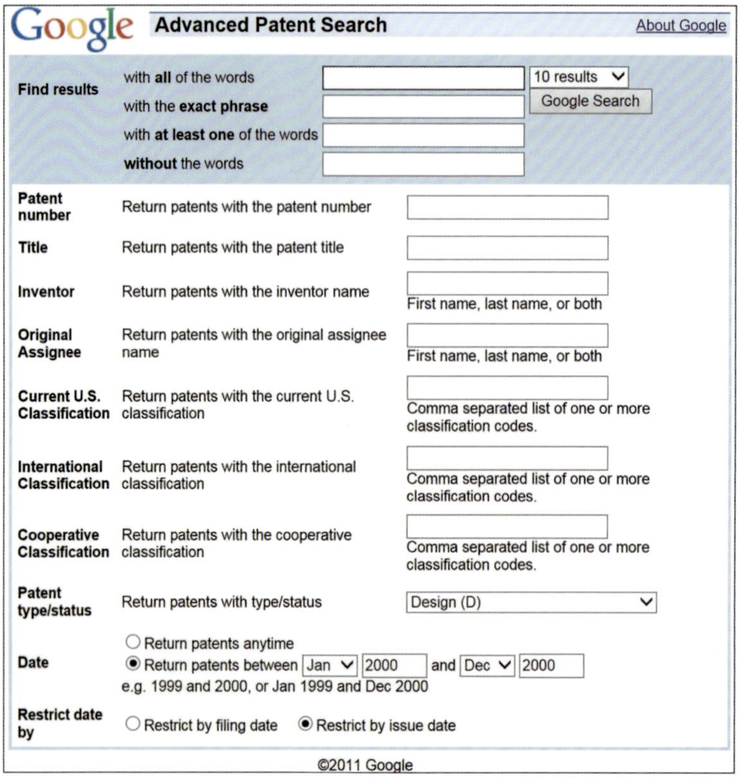

图4-66 高级检索界面

图4-67是针对谷歌采集的专利摘要信息进行检索的输入框。输入框前方的文字指明了逻辑运算规则，其内容可以填写多项。在图4-67下方还有更多、更为复杂的检索条件可以补充：专利号（Patent Number）、专利名称（Title）、发明人（Inventor）、专利权人（Assignee）、美国专利分类号（U. S. Classification）、国际专利分类号（International Classification）、文献状态（Document status）、专利类别（Patent type）、专利公开时间（Issue date）、专利申请时间（Filing date）。在检索条件编辑完成后，点击"Google Search"便可得到检索结果。点击"Google Search"前方的下拉菜单可以调整网页显示检索结果的数量。

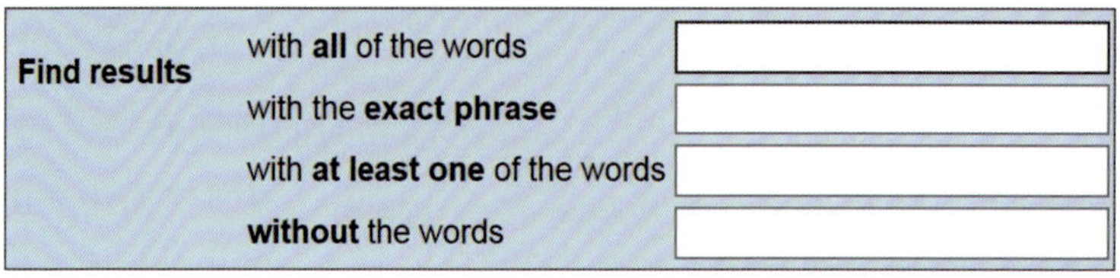

图4-67 谷歌专利高级检索界面局部

示例说明：检索专利名称中带有"notebook"，且公开时间在 2000 年 1 月 1 日到 2000 年 12 月 31 日的授权外观设计专利。在谷歌中输入如图 4 - 68 所示检索条件。

图 4 - 68　谷歌专利检索界面局部

谷歌的检索结果如图 4 - 69 所示。该检索结果显示页面上方有一排选项，主要涉及专利申请或公开的时间段、专利的国家或组织、专利的状态、专利的种类、排序的方式等，检索者可以在这里改变或补充检索条件和排序方式。

Jan 1, 2000 – Dec 31, 2000 ▾　Any Patent Office ▾　Any filing status ▾　Design ▾　Sorted by relevance ▾　Clear

Transparent notebook insert having a plurality of ...
www.google.com/patents/USD427632
Grant - Filed Jun 11, 1999 - Issued Jul 4, 2000 - Rory A. McNeil
FIG. 1 is a front elevational view of a transparent notebook insert having a plurality of overlapping transparent flaps having side pockets showing my new design;.
Overview - Related - Discuss

Notebook computer
www.google.com/patents/USD432532
Grant - Filed Dec 20, 1999 - Issued Oct 24, 2000 - Chia-Chun Lee -
Compal Electronics, Inc.
FIG. 1 is a perspective view of notebook computer showing our new design;. FIG. 2 is a front elevational view thereof;. FIG. 3 is a rear elevational view thereof;.
Overview - Related - Discuss

Notebook computer
www.google.com/patents/USD432531
Grant - Filed Dec 20, 1999 - Issued Oct 24, 2000 - Chia-Chun Lee -
Compal Electronics, Inc.
FIG. 1 is a perspective view of notebook computer showing our new design;. FIG. 2 is a front elevational view thereof;. FIG. 3 is a rear elevational view thereof;.
Overview - Related - Discuss

图 4 - 69　谷歌专利检索结果显示页面

　　谷歌的美国外观设计授权专利检索结果的显示页面如图 4 – 69 所示，它以列表和缩略图的形式显示了专利号、专利的名称、申请日、公开日、专利权人等信息，还提供了一幅最能表达外观设计专利的视图，对于外观设计以图片来表示权利范围的特点来说，提供缩略图的浏览是谷歌检索界面中较为人性化的优势。

　　点击任意一条专利信息，都可以进入该条信息的详细显示页面，如图 4 – 70 所示。使用者可以在该页面通过点击右上角的图标浏览或下载该专利全面的 PDF 格式的公告信息文件，这与从美国专利商标局下载的图像型专利说明书全文是完全一致的。

图 4 – 70　谷歌专利显示页面

第五章　日本外观设计专利的检索

第一节　概　　述

日本外观设计专利于 1974 年起开始收藏，即日本昭和 49 年起，外观设计文献起始号为 49 - 375244。自 1993 年开始以 CD - ROM 形式出版专利文献，目前检索日本专利文献的主要方式有三种：光盘检索、联机检索以及通过互联网检索。

由于光盘数据库不可避免的存在着更新速度慢、信息滞后等问题，光盘检索的应用前景受到很大的限制。而通过大型商业联机系统如 DIALOG 或 STN 等进行联机检索则费用昂贵，国内普通用户难以承受。互联网以其快捷方便、全天候全方位免费服务等得天独厚的优势促使网上专利数据库得到迅猛的发展。

通过互联网检索日本外观设计专利的途径主要是日本专利局（特许厅）的工业知识产权电子图书馆 IPDL，用户可以通过日本专利局（特许厅）的官网进入（http://www.jpo.go.jp/）。

图 5 - 1　日本专利局（特许厅）英文主页

一、日本专利局（特许厅）的工业知识产权电子图书馆 IPDL 界面

在日本专利局（特许厅）网站首页的右上角设有日本工业产权图书馆（IPDL）的

链接图标。IPDL 是一个网上图书馆，为读者提供免费的日本各种工业产权数据检索系统，包括：专利、实用新型、外观设计和商标四个方面的数据库。其中外观设计数据每周更新一次。

IPDL 设有日文和英文两种语言界面，其日文界面的数据库的数量以及功能都比英文界面的数据库要丰富。

首先，单击日本工业产权图书馆（IPDL）的链接图标进入 IPDL 的英文主界面，再单击右上角的"To Japanese Page"，切换到 IPDL 的日文界面。

图 5 – 2　日本特许厅日文主页

在该网页底部设有六个检索入口，分别是："初心者向け検索"（快速检索）、"商標検索"（商标检索）、"特許・実用新案検索"（实用新型检索）、"意匠検索"（外观设计检索）、"経過情報検索"（审查过程检索）、"審判検索"（裁判检索）。

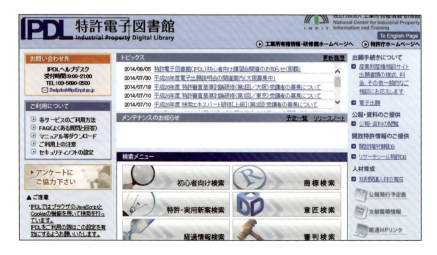

图 5 – 3　日本专利局工业产权数字图书馆主页（日文）

二、IPDL 数据库

日本 IPDL 日文界面数据库收录的关于外观设计专利文献的范围如下：

（1）外观设计（日文）：1889 年以来的外观设计（意匠公报）文献；

（2）法律状态（英文）：1993 年以来的一些基本的法律状态英文信息；

（3）复审决定（日文）：日本专利局复审委员会的复审决定（1940 年至今）；

（4）外国专利文献数据库（日文）：收录了美国、欧洲专利局、英国、德国、法国、瑞士、WIPO 的专利文献。

日本外观设计专利与实用新型一样，采取全文公告制，即出版外观设计公报。日本外观设计文献类型识别代码为"S"。日本类似外观设计与日本外观设计一样采取全文公告制，并与日本外观设计公报一同出版。日本类似外观设计是指同一个申请人申请的同一类的外观设计，日本类似外观设计文献类型识别代码也为"S"。

中国国家知识产权局专利局专利文献馆中收藏了 1974 ~ 1999 年的纸件日本外观设计公报，起止号为 375244—1057345。从 2000 年起，日本外观设计公报不再出版纸件公报，而是以光盘为载体，起始号为 1057346。

第二节　日本外观设计专利分类查询

日本外观设计分类采用日本本国的分类体系，但在外观设计公报中不仅标注日本本国分类号，同时也标注国际外观设计分类号，以供参考。从 2005 年 1 月 1 日起，日本开始启用新版的日本外观设计分类表。

日本外观设计分类表是根据物品的用途分类，必要时考虑产品的功能特征，若再继续细分时，则根据产品的外形进行分类。分类表的编排结构依次是：部、大类、小类、外形分类，共 4 级。

以物品的用途进行分类，共分成 13 个大部，以英文字母 A ~ N 表示，每一个字母代表一个部。在每个部下面，按物品的用途主题范围划分大类。在每个大类下面，按物品的用途主题范围划分小类。在每个小类下面，根据物品的外形继续进行细分。

日本外观设计分类表的各部一览表：

A 部：制造食品及嗜好品；

B 部：衣服及随身用品；

C 部：生活用品；

D 部：住宅设备用品；

E 部：趣味娱乐用品及体育比赛用品；

F 部：事务用品及销售用品；

G 部：运输及搬运机械；

H 部：电气、电子元件及通信机械器具；

J 部：一般机械器具；

K 部：产业用机械器具；

L 部：土木建筑用品；

M 部：不属于 A ~ L 部的其他基础产品；

N 部：不属于其他部的物品。

新改版的日本外观设计分类表从 2005 年 1 月 1 日起实施，经过改版后某些地方已作了修改，例如：废除 D1、D2，重新改编 D6、D7 的家具、书桌、办公桌、椅子等；废除 F4 ~ F5，重新改编 F4 ~ F7 的包装类容器；废除 H3、H4、H5，重新改编 H6、H7 的记录器、电子计算机、便携式终端；重新改编 L4 ~ L6、废除 L5 新增加 L7 的建筑物用工具。

一、日本外观设计分类表查询入口

在特許公報などの検索（IPDL）页面（http://www. ipdl. inpit. go. jp/homepg. ipdl）的"意匠検索"（外观设计检索）栏目的第 8 项和第 9 项分别为"分類リスト"（分类一览表）和"分類リスト（外国）"（外国分类一览表）。只要将鼠标置于"意匠検索"上就会自动浮现出来。

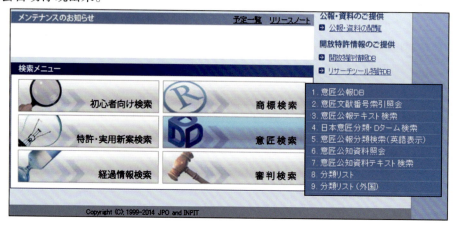

图 5 – 4　日本分类表查询入口

二、日本外观设计分类表查询界面

“分類リスト”中提供了新旧版日本外观设计分类表以及新旧分类对照表新外观设计 D－term 分类、旧外观设计分类、旧 D－term 目录、新分类与旧分类对照表、旧分类与新分类对照表。

“分類リスト（外国）”中提供了日本现行外观设计分类表与国际外观设计分类表即洛迦诺分类表第 6 版、第 8 版和第 9 版的对照表，同时也提供了日本现行外观设计分类表与美国、韩国等国家的分类对照表。公众可以根据需要单击进行查询。

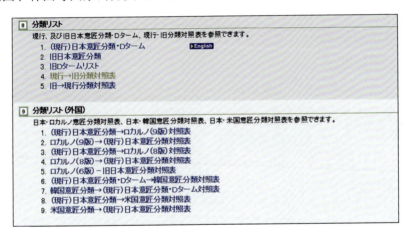

图 5－5　日本外观设计分类表查询界面

以国际外观设计分类表 01 大类（食品类）与日本现行外观设计分类表之间的对照举例，单击第 9 项第 2 栏后，最后查询结果见图 5－6。

分類リスト・ロカルノ(9版)→(現行)日本意匠分類対照表

メニュー　ニュース　ヘルプ

日本意匠公報に参考として掲載されている国際意匠分類は、
2009年7月の発行分から、ロカルノ意匠分類(9版)に対応しています

01 食料品

ロカルノ意匠分類	分類の表示	対応する現行分類
01-01	パン屋の製品，ビスケット，練り粉菓子類，マカロニ及びその他の穀物製品，チョコレート，菓子類，アイス	A11410 A11411 A11412 A11413 A1150 A1191
01-02	果物及び野菜	A1140
01-03	チーズ，バター及びバター代用物，その他の乳製品	A112
01-04	肉屋の肉(豚肉製品を含む)，魚	A111 A1130
01-06	動物用の食料	K320 K3220
01-99	その他	A00 A100 A1100 A1150 A119

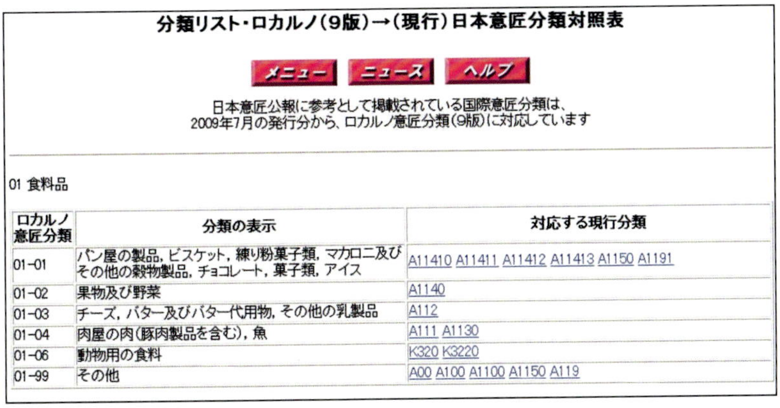

图 5－6　分类对照查询结果

第三节 日本外观设计专利检索

进入工业产权图书馆（IPDL），在该网页上设有"意匠検索へ"（外观设计检索）栏目。该栏目下设有 9 个子栏目：（鼠标悬停可见），见图 5-4。

——意匠公报 DB（外观设计公报数据库）；

——意匠文献番号索引照会（外观设计文献号索引对照）；

——意匠公報テキスト検索（外观设计文本检索）；

——日本意匠分類·D ターム検索（外观设计分类 D-term 检索）；

——意匠公報分類検索（英語表示）；

——意匠公知資料照会；

——意匠公知資料テキスト検索；

——分類リスト（分类目录）；

——分類リスト（外国分类目录）。

除第 8、第 9 子栏目外，其他 7 个子栏目为公众提供了不同的检索途径，可以输入不同的检索条件进行检索。

一、根据外观设计申请号进行检索

"意匠公报 DB"（外观设计公报数据库）和"意匠文献番号索引照会"（外观设计文献号索引对照）都可以实现按外观设计登录番号（外观设计专利申请号）进行检索。

（一）外观设计公报数据库检索

"外观设计公报数据库（意匠公报 DB）"检索界面设有 4 个选项："文献種別"（文献种类）、"文献番号"（文献号）、"表示モード"（显示方式）和"表示形式"（显示格式）。

"文献種別"为说明项，"意匠登録"（外观设计注册）用"S"表示；"協議不成立意匠"（协议不成立外观设计）用"3"表示。

"文献番号"为检索输入项，有 12 组文献号检索式输入窗口，每组均由"文献種別"（文献种类）和"文献番号"（文献号）两个检索式输入窗口组成。选择其中一组窗口，在"文献種別"（文献种类）窗口内输入外观设计文献种类代码，如"S"；在"文献番号"（文献号）窗口处输入要检索的外观设计文献的号码，如 1030711。

"表示モード"（表示模式）为选择项，选择检索外观设计时是否同时检索类似外观设计。"単独"表示不检索类似外观设计；"類似一括照会"表示同时检索类似外观设计。

然后，单击"文献番号照会"（文献号检索）即可。

如有多个外观设计需要同时检索，可选择多组输入窗口，分别输入外观设计文献种类代码和注册号，然后单击"文献番号照会（文献号检索）"即可。

图 5－7　外观设计公报数据库检索界面

（二）外观设计文献号索引对照数据库使用方法

单击"意匠文献番号索引照会"（外观设计文献号检索），进入检索界面。

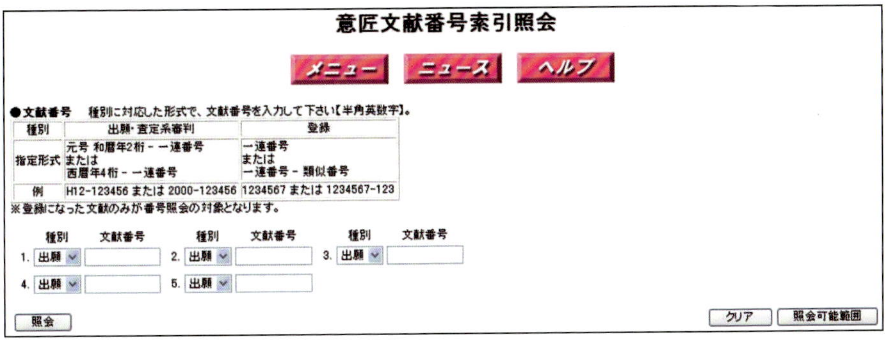

图 5－8　外观设计文献号检索界面

"文献番号"下的表格为检索输入帮助。申请号输入方式为：1999 年及之前输入方式为"本国纪年代码、年号－序号"，例如"S54－123456"❶；2000 年及之后为

---

❶　1999 年以前使用日本本国纪年，其又分为 1988 年以前的"昭和"，写成"S"和 1989 年以后的"平成"，写成"H"。

YYYY－NNNNNN，或同前，例如"2000－123456"或"H12－123456"。注册号输入方式为：连续编排的序号，如"1234567"或"1234567－12"（类似外观设计注册号）。

检索输入窗口有5组，每组均包括"種別"（文献种类）选项和"文献番号"（文献号）输入窗口。"種別"下有选项菜单，包括："出願"（申请）、"審判"（审查）、"登録"（公告）。

检索时，先选择"種別"，然后在"文献番号"（文献号）窗口内输入对应的号码。

例如选择"出願"，输入对应的申请号"H05－032009"，单击"照会"（检索），则会显示检索结果。

图5-9 外观设计文献号检索结果

再如选择"登録"（注册），在对应的"文献番号"（文献号）的窗口处输入文献号1030711，单击"照会"，也会显示如图5-9所示的页面。

二、外观设计文本检索数据库使用方法

"意匠公報テキスト検索"（外观设计文本检索）为公众提供了更加高级的专利文献检索途径。可供进行申请号检索、文献号检索、申请人或外观设计所有人检索、分类检索、关键词检索和/或主题检索。

单击"意匠公報テキスト検索"（外观设计文本检索），进入检索页面。

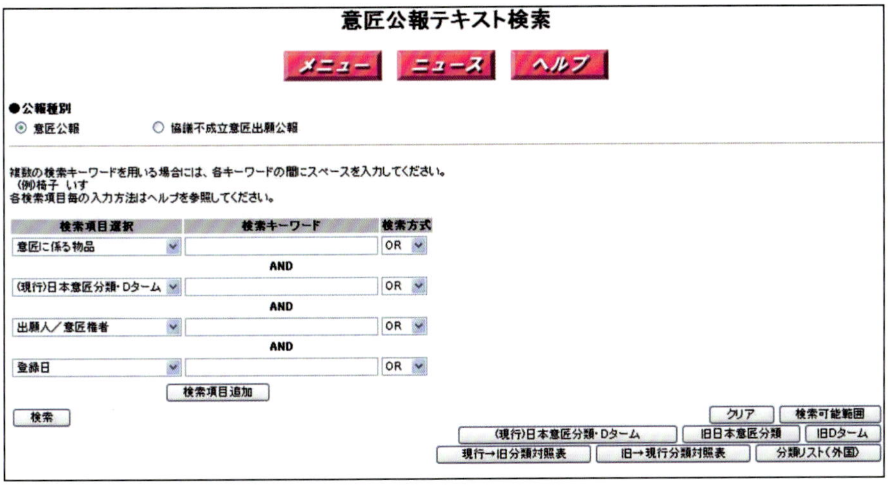

图5－10　外观设计文本检索界面

在该检索界面上设有4个选项和4个对应的检索输入窗口。各个选项之间可以选择"AND（与）"或者"OR（或）"进行逻辑组配。

检索时，单击"検索項目選択"（检索项目选择）下的每一个箭头按钮，出现下拉菜单，在菜单中选择所需要的选项，然后，在"検索キーワード"（检索关键词）下的对应窗口内输入相应的检索字符串。

例如，选择"意匠に係る物品"（有关外观设计的物品），在"検索キーワード"（检索关键词）窗口输入关键词"ロボット"（机器人）；再选择"旧日本意匠分類"（旧日本外观设计分类），并输入分类号"K0020"；在"検索方式"（检索方式）下选"OR（或）"。单击"検索"（检索），可检索到86篇外观设计文献。

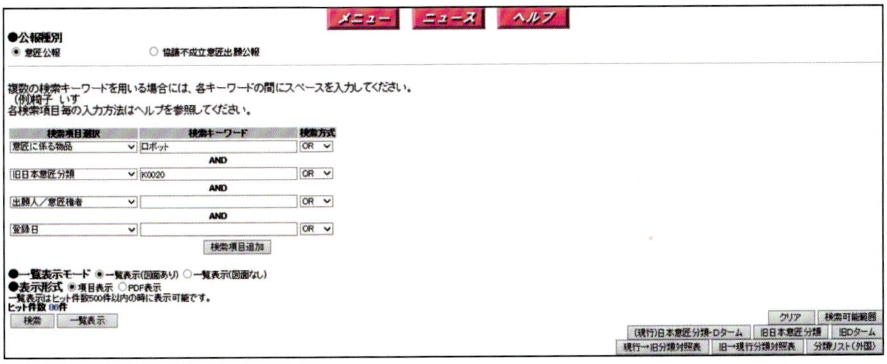

图5－11　外观设计文本检索演示

再单击"一覧表示"（浏览），就可列出这86篇外观设计文献的目录。

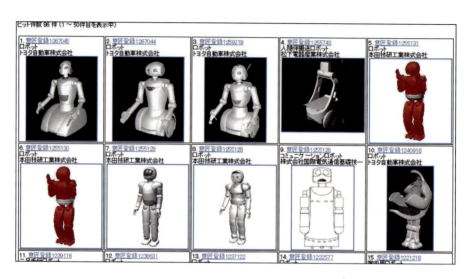

图 5 – 12　文本检索结果列表

从上述所列文献号中选取某一个文献号，例如选列表中的第 7 个意匠登录 1255129，并单击此文献号，外观设计说明书就可显示出来。

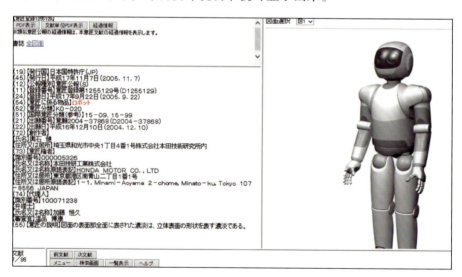

图 5 – 13　文本检索结果详细信息

三、外观设计分类 D – term 检索数据库使用方法

单击"日本意匠分類·Dターム検索"（外观设计分类 D – term 检索），进入该检索页面。

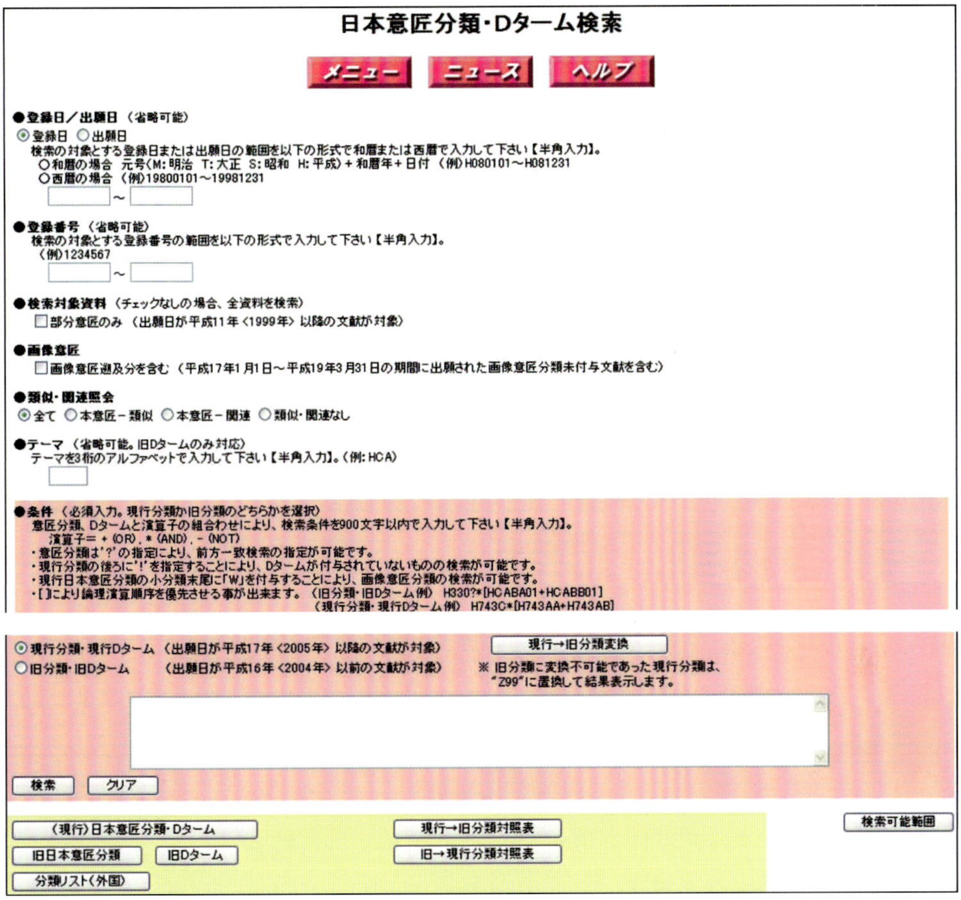

图 5 – 14　外观设计分类 D – term 检索界面

D – term 检索数据库是为提高检索外观设计文献的效率而设置的。该栏目包含 7 个选项，分别为："登録日/出願日"（公告日/申请日范围）、"登録番号"（公告号范围）、"検索対象資料"（检索对象范围）、"画像意匠"（图像设计）、"類似・関連照会"（类似・关联设计）、"テーマ"（题目）、"条件"（检索条件）。其中"条件"（检索条件）是必录项。

其检索方法举例说明如下：

例如：检索注册日期为 2000 年 1 月 1 日至 2009 年 12 月 31 日，分类号为 K0020 的外观设计。

在"登録日/出願日"（注册日/申请日）项内选择"登録日"（注册日）；日期输入时要转换成相应的日本纪年，即在起止日期栏目中分别输入 "H120101" "H211231"；在"条件"按钮内选择"旧分類・旧Dターム"（旧分类・旧 D – term），在分类号输入窗口输入"K0020",单击"检索"即可。

检索的结果在"ヒット件数"上表示。超过 500 件,检索的结果不能出现在"リスト(列表)"上。

リスト(列表):按"リスト"键,检索的结果出现在画面上。

クリア(清除):按"クリア"键,删除检索式,恢复到外观设计分类 D – term 检索的画面上。

检索可能范围:按该键,出现可以检索的范围。

图 5 – 15　外观设计分类 D – term 检索范围

四、英文检索界面使用方法

"意匠公报 DB"(外观设计公报数据库)可用英文进行检索。

在日本特许厅的主页上单击"Industrial Property Digital Library(IPDL)",即进入英文版日本专利局工业产权数字图书馆主页。

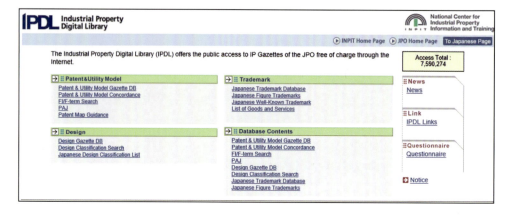

图 5 – 16　日本专利局工业产权数字图书馆主页(英文版)

单击"Design"项下的"Design Gazette DB"进入日本外观设计公报数据库。

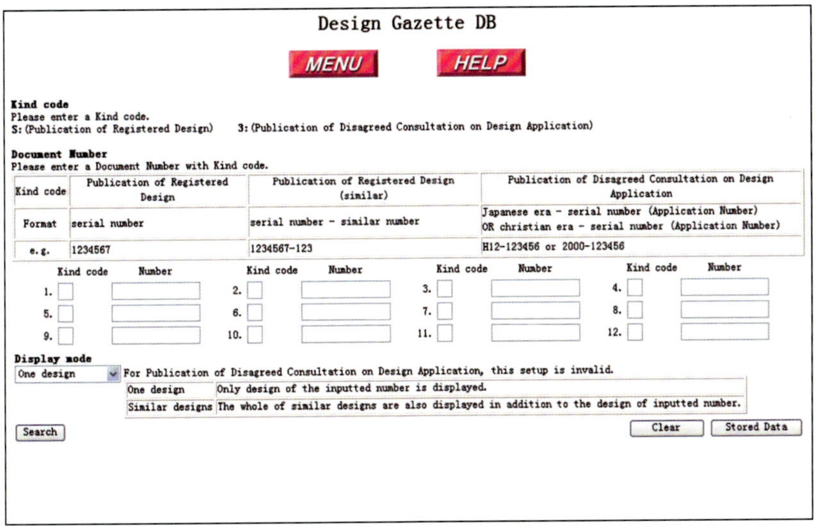

图 5 – 17　日本外观设计公报数据库（英文版）

英文版日本外观设计公报数据库检索页面与日文版外观设计公报数据库（意匠公报 DB）检索页面相同，其使用方法也相同。例如：在"Kind code"（种类代码）窗口内输入"S"，在"Number"（号码）窗口输入要检索的外观设计注册号"1030711"，再选择显示模式，单击"Search"（检索）即可。

第四节　日本专利法律状态检索

"经过情报检索"是对日本专利从开始申请到授权、驳回或者视为撤回等一系列法律状态的记载，通过这个数据库的检索，我们可以了解一项日本专利申请所处的法律状态，所查询的专利所经历的全部审查程序，并且能够了解最终的审查结果以及给出审查结果的日期等信息。

日文版网页上的专利、实用新型和外观设计等法律状态情报检索项有：号码对照索引（番号照会），范围指定检索（範囲指定檢索），最终处理对照索引（最終处分照会）。日文版工业产权数字图书馆网页上的审判信息检索项有：审查决定公报数据库（審決公報 DB），审查决定快报（審決速報），审判决定取消诉讼判例集（審決取消訴訟判决集）。

可获得专利的有效性信息包括：（1）专利申请是否授权；（2）专利是否提前失效；（3）专利申请被驳回并有异议；（4）专利权何时届满。

需要注意的是，日本外观设计的保护期为自核准注册之日起 15 年。

一、进入方式

进入日本特许厅的英文主页面后，选择页面右上方专利的类型 designs（外观设计），然后单击"Industrial Property Digital Library（IPDL）"即可进入到日本工业产权数字图书馆中，见图 5 - 16。

单击右上角的"To Japanese Page"可完成英文界面与日文界面的转换。

检索日本专利的法律状态，需要选择日文界面中的"经过情报检索"。

图 5 - 18　专利法律状态检索入口

二、专利检索

该数据库提供三种检索方式：

——番号照会：通过申请号、公开号、专利号、复审编号等进行检索；

——范围检索：一个月内某种法律状态的案卷；

——最终处分照会：审批阶段的最终结果。

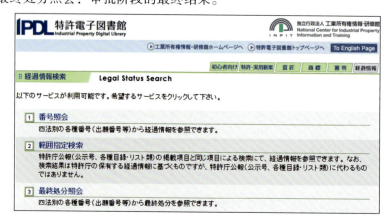

图 5 - 19　专利法律状态检索界面

（一）番号照会

经过情报的番号照会检索可以在输入框中输入多个种类的号码，例如申请号、公开号、公告号等。可以根据所知的不同种类的号码选择相应的字段进行输入。

在检索之前，还需要选择查询的专利种类，例如：专利、实用新型、外观、商标等。

图 5 – 20　专利的法律状态的番号照会检索界面

该专利的法律状态提供四部分的信息：基本项目、出愿情报（申请信息）、登录情报（授权信息）和分割出愿情报（分案申请信息）。分别浏览即可查询该专利当时的法律状态。

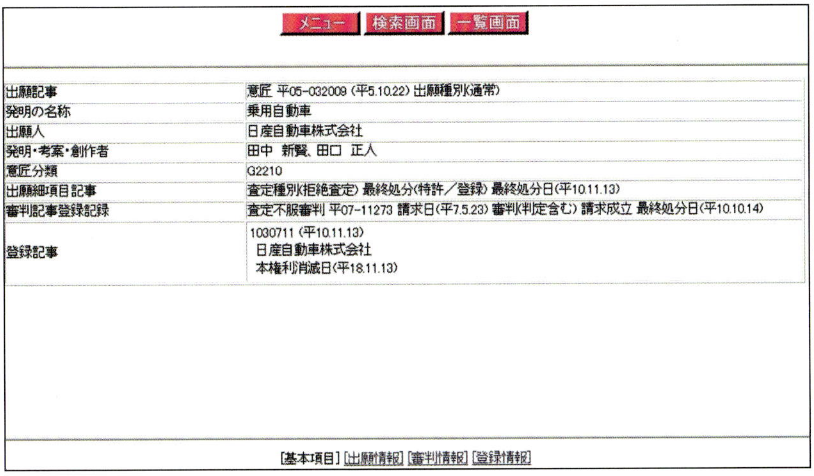

图 5 – 21　专利的法律状态查询结果

（二）范围指定检索

范围指定检索是以不同种别和日期为检索条件进行的检索。检索种别可见下拉列表。例如：检索 2000 年 1 月 1 日到 1 月 31 日公告的专利，选择第十个种别并输入时间。

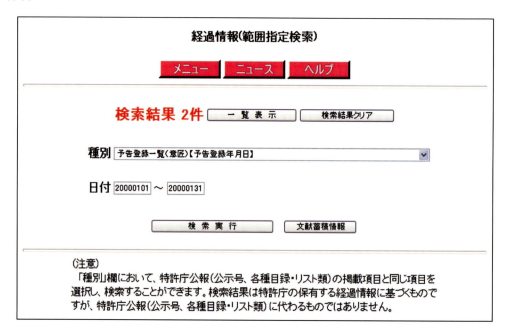

图 5 – 22　专利的法律状态的范围指定检索

单击"一覧表示"浏览结果列表。通过单击其审判番号浏览其详细的申请信息以及法律状态信息。

图 5 – 23　范围指定检索结果列表

（三）最终处分照会

最终处分照会也可以对日本专利、实用新型、外观以及商标进行检索。号码类型有：申请号（出愿）、公开号、公表号、审判号、公告号、登录号。

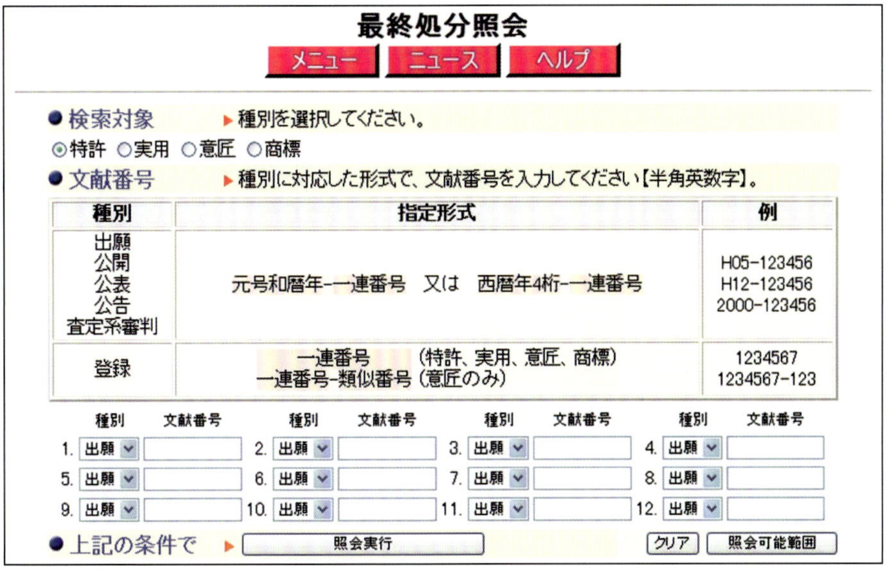

图 5 – 24　最终处分照会查询界面

可以查询某项专利经过审查后是否获得授权、授权时间及其他决定的时间。

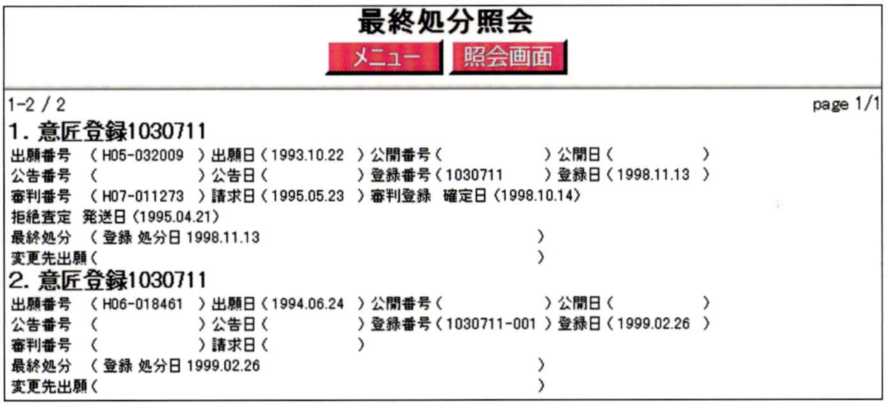

图 5 – 25　最终处分照会查询结果

第六章　韩国外观设计专利的检索

第一节　韩国外观设计专利检索系统概述

韩国知识产权局通过 KIPRIS（Korean Industrial Property Rights Information Service，即韩国工业产权信息中心）免费为社会公众提供韩国各种工业产权信息及数据库查询服务。韩文具体的网址是：http://www.kipris.or.kr/khome/main.jsp，英文的具体网址是：http://www.kipris.or.kr/enghome/main.jsp。

图 6 – 1　韩国知识产权局网上检索系统首页

韩国知识产权局网上检索系统提供两种界面语言：韩文和英文，其默认的初始界面语言为韩文。单击首页右上方的语言选项（English），可以将界面语言切换为英文。

图 6 – 2　韩国知识产权局网上检索系统英文栏

图 6 – 3　韩国知识产权局网上检索系统首页英文界面

　　网页上方有专利、外观设计、商标可供选择的图标，可单击选择检索的种类，也可在图标下方的下拉菜单中选择。单击"Design"，进入外观设计检索系统，在该系统中可以检索韩国 1948 年以来授权公告以及 1996 年以来公开的外观设计专利申请的著录项目、附图、公报全文、法律状态等。

图 6 – 4　检索种类选择栏

第二节　韩国外观设计专利文献

一、韩国外观设计专利文献简介

　　韩国出版外观设计单行本，称外观设计文献为外观设计公报。由于 1998 年 3 月 1 日之前，韩国的外观设计实行实质审查注册制度，与此同时，韩国还引入了非实质审查注册制，韩国出版的外观设计公报有两种："등록의장공보"（注册外观设计公报）

和"공개의장공보"（公开外观设计公报）。

二、韩国外观设计公报

在韩国注册外观设计公报中，审查注册和非审查注册的外观设计公报，以及部分、复数、成套注册外观设计公报从出版形式上没有区别，只有类似注册外观设计公报在出版时从文献编号上有所区别。❶

韩国注册外观设计公报由扉页和设计图组成。扉页上有带著录项目标识代码的著录项目：（11）注册号，（12）注册外观设计公报（S），（19）大韩民国特许厅（KR），（21）申请号，（22）申请日期，（24）注册日期，（45）公告日期，（51）国际外观设计分类，（52）本国外观设计分类，（54）外观设计名称，（72）创作人，（73）权利所有人，（74）代理人。

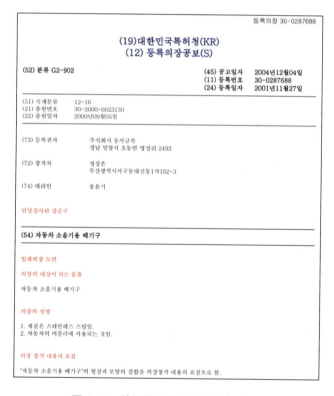

图6-5　韩国注册外观设计公报扉页

---

❶　刘小青："韩国外观设计保护制度及其文献检索"，载《专利文献研究》2005年第2期。

与注册外观设计公报相比，韩国公开外观设计公报扉页上的著录项目没有（24）注册日期，（45）公告日期和（73）权利所有人，其中（45）公告日期由（43）“公开日期”替代，（73）权利所有人由（71）“申请人”替代。

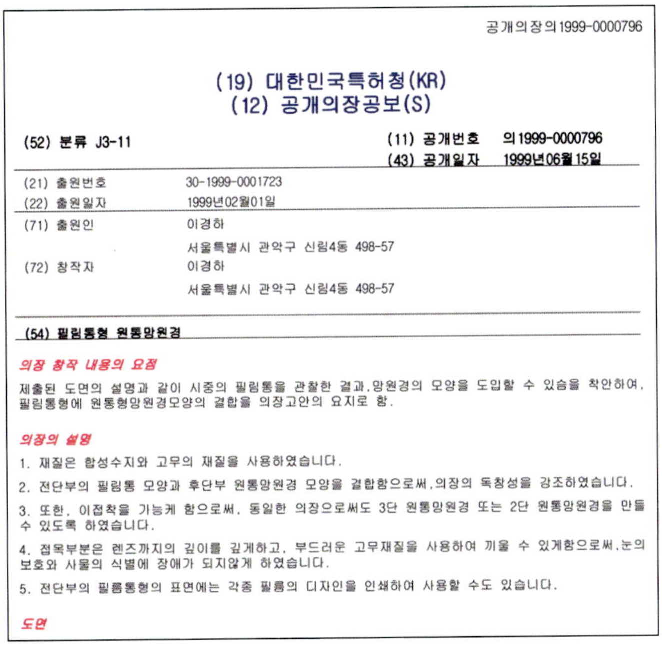
공개의장의1999-0000796

(19) 대한민국특허청(KR)
(12) 공개의장공보(S)

(52) 분류 J3-11

(11) 공개번호 의1999-0000796
(43) 공개일자 1999년06월15일

(21) 출원번호 30-1999-0001723
(22) 출원일자 1999년02월01일
(71) 출원인 이경하
서울특별시 관악구 신림4동 498-57
(72) 창작자 이경하
서울특별시 관악구 신림4동 498-57

(54) 필림통형 원통망원경

의장 창작 내용의 요점

제출된 도면의 설명과 같이 시중의 필림통을 관찰한 결과,망원경의 모양을 도입할 수 있슴을 착안하여, 필림통형에 원통형망원경모양의 결합을 의장고안의 요지로 함.

의장의 설명

1. 재질은 합성수지와 고무의 재질을 사용하였습니다.
2. 전단부의 필림통 모양과 후단부 원통망원경 모양을 결합함으로써,의장의 독창성을 강조하였습니다.
3. 또한, 이접착을 가능케 함으로써, 동일한 의장으로써도 3단 원통망원경 또는 2단 원통망원경을 만들 수 있도록 하였습니다.
4. 접목부분은 렌즈까지의 깊이를 깊게하고, 부드러운 고무재질을 사용하여 끼울 수 있게함으로써,눈의 보호와 사물의 식별에 장애가 되지않게 하였습니다.
5. 전단부의 필름통형의 표면에는 각종 필름의 디자인을 인쇄하여 사용할 수도 있습니다.

도면

图 6-6 韩国公开外观设计公报扉页

（12）注册外观设计公报（S）中的“S”表示文献种类代码。

三、韩国外观设计编号体系

韩国外观设计编号体系是由申请号、公开号、注册号、公告号组成的。

申请号是韩国知识产权局受理外观设计申请时给予每项申请编制的序号。申请号的编号形式为：30YYYYNNNNNNN，“30”表示外观设计，“YYYY”表示申请的年代，“NNNNNNN”为本年度申请序号，如：3020020011150。

公开号是韩国知识产权局根据申请人的要求公开外观设计申请时用于标识公开外观设计公报的文献号。公开号的编号形式为：30YYYYNNNNNNN，“30”表示外观设计，“YYYY”表示公开的年代，“NNNNNNN”表示本年度公开序号，如：3020040000187。2004 年之前的编号有所不同，为의 YYYY - NNNNNNN，如：의 2000 - 0000001。

公告号是韩国知识产权局公告已经注册的外观设计时用于标识注册外观设计公报的文献号。公告号的编号形式同公开号。

注册号是韩国知识产权局为注册的外观设计编制的序号。注册号的编号形式为：30NNNNNNNNNNN，"30"表示外观设计，"NNNNNNNNNNN"表示连续编制的注册序号，如：3003689260000。

类似外观设计注册号是韩国知识产权局为注册的类似外观设计编制的序号。类似外观设计注册号的编号形式为：30 – NNNNNNN 유사 N，"30"表示外观设计，"NNNNNNN"表示连续编制的注册序号，"유사"意为类似，"N"表示类似序号，如：30 –0335681 유사 3。

第三节　韩国外观设计专利分类

韩国外观设计分类以本国分类为主，并附以国际外观设计分类号。

韩国本国外观设计分类号由部、类和组构成。部有 13 个，用字母 A – N 表示；类分为大类和小类，各部所属的类的数量不等，用数字表示，大类由一个阿拉伯数字（0 ~ 9）表示，在部分类的类名下，按物品的用途主题范围划分，小类由一个阿拉伯数字（0 ~ 9）表示，在大类的类名下，按物品的用途主题范围划分；组为产品的外形分类，用数字加字母表示。如：D214F，D 为部，表示住宅设计用品，2 为大类，表示其他家具，1 为小类，表示椅子，4F 为组，表示其外形为长型，因此，D214F 即为椅子（长型）。

韩国本国外观设计分类号中的 13 个部具体为：

A：制造食品和嗜好品；

B：服装和服饰品；

C：生活用品；

D：住宅设计用品；

E：趣味娱乐用品和运动竞技用品；

F：文具用品和贩卖用品；

G：运输和搬运机械；

H：电器电子机械器具和通信机械器具；

J：一般机械器具；

K：产业用机械器具；

L：土木建筑用品；

M：其他基础制品；

N：其他物品。

第四节 韩国外观设计专利检索

韩国外观设计检索系统提供两种检索方式：基本检索（General Search）和高级检索（Advanced Search），还可进行二次检索。两种检索方式都可以使用逻辑运算符和截词符。逻辑运算符有：逻辑与"＊"，逻辑或"＋"，逻辑非"－"，截词符为"？"。

一、基本检索的界面及操作方法

在基本检索界面提供检索入口：如图6－7所示。在基本检索界面下方有对基本检索及高级检索的文字说明。

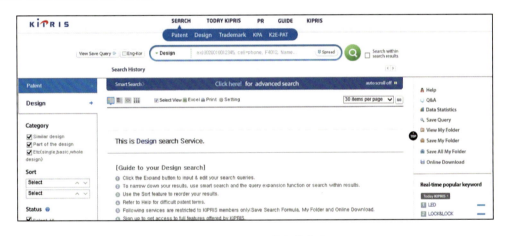

图6－7 外观设计基本检索界面

在搜索栏中的关键词检索字数不限、内容不限，可以是产品名称、对产品的描述词，也可以是申请人、发明人、代理人的名称，或者所有这些信息的组合。关键词检索可以实行模糊检索。例如：要检索产品名称含收音机或DVD的外观设计专利。

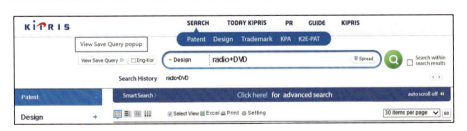

图6－8 关键词检索案例

数字检索是对申请号、公开号、注册号、公告号等的检索。数字检索可以实行模糊检索。但是数字检索的数字不能超过 8 位，如要检索数字中含"0014570"的外观设计专利，在输入框中输入"0014570"，如图 6 – 9 所示。

图 6 – 9　数字检索案例

二、高级检索的界面及操作方法

在如图 6 – 10 所示的主页面中，可以单击"Smart Search"或者"for advanced search"即可进入高级检索页面，在高级检索界面提供了 3 种类型共 18 个检索入口，如图 6 – 11 所示。

图 6 – 10　高级检索入口

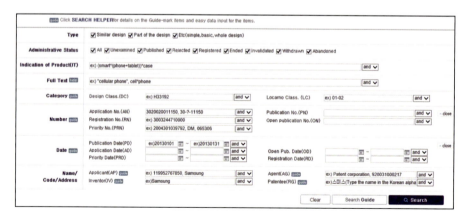

图 6 – 11　高级检索界面

产品描述，可以是产品名称，也可以是产品的类别。产品描述可以实行模糊检索，检索时应尽量选用关键词，以避免检索出过多无关的文献。产品代码类似于外观设计的分类号，由首字母和数字组成（见韩国外观设计分类）。产品代码可以实行模糊检索，模糊部分位于末尾时可以使用截词符"?"，还可以使用运算符"＋、－"来检索多个外观设计。发明人名称可以是个人也可以是公司名称，申请人名称/编码和专利权人名称可以为个人或团体。发明人名称、申请人名称/编码、代理人名称/编码和专利权人名称均可在检索式中使用各种逻辑运算符和截词符。

数字号码型检索入口：申请号（AN）、公开号（ON）、公告号（PN）、注册号（RN）、优先权号（PRN）。申请号、公开号、公告号均由 13 位数字组成。申请号、公开号、公告号检索可以实行模糊检索，模糊部分为申请号的后 5 位数字时，可以使用截词符"?"，模糊部分为表示年份的部分时，可以使用截词符"－?－"。也可以使用运算符"＊"、运算符"＋、－"来检索多个外观设计。

注册号由 13 位数字组成。注册号可以实行模糊检索。模糊部分位于末尾时可以使用截词符"?"。也可以使用运算符"＊"、运算符"＋、－"来检索多个外观设计。

优先权号根据不同国家的申请号编码形式由长短不定的数字或文字、数字的组合组成。

数字日期型检索入口：申请日（PD）、注册日（RD）、公开日（OD）、公告日（PD）、优先权日（PRD）。数字日期型检索式以年份为基础。可以输入一个具体的年份进行检索，如：2000 或 2002，也可以输入一个时间段进行检索，如：20000101 ~ 20010101。

三、检索结果的显示

使用者可以根据自己的需要选择检索结果的排序方式、每页的显示数量（30/60/90/150）、显示方式等。系统提供四种检索结果的显示方式：翻阅列表显示（Thumbnail view）、简易列表显示（Txt view）、图像列表显示（Image view）、全视图显示（All image view）。

（一）翻阅列表显示

显示每项外观设计的分类、申请号、申请日、注册号、注册日、申请人名称、产品描述和一幅视图。

图 6 - 12　翻页列表显示

（二）简易列表显示

简易列表显示每项外观设计的分类号、申请号、申请日、注册号、注册日、申请人名称等文本信息。

图 6 - 13　简易列表显示

（三）图像列表显示

图像列表显示方式显示每项外观设计的申请号和一幅视图。

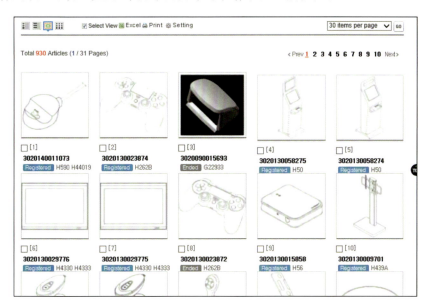

图 6 - 14　图像列表显示

（四）视图显示

视图显示方式显示每项外观设计的申请号和六面正投影视图及立体图。

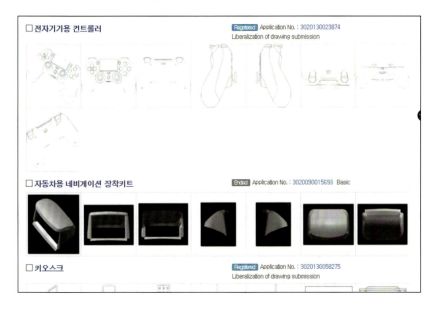

图 6 - 15　视图显示

四、检索结果的输出

在检索显示结果中，每项外观设计前都有一个小方框，使用者可以任意勾选，选中一项或多项外观设计，也可以勾选最上方的小方框，选中全部外观设计。

检索结果的输出包含著录项目和图像。可以标记书签、重新排列书签、导出Excel、打印。

第七章 欧盟和世界知识产权组织外观设计检索

第一节 欧盟注册外观设计检索

一、概述

在欧洲，欧洲内部市场协调局（The Trade Marks and Designs Registration Office of the European Union，简称OHIM）是管理及注册共同体商标和共同体外观设计的欧盟官方机构。应当特别注意的是，欧洲内部市场协调局（OHIM）与欧洲专利局（EP）是两个完全不同的机构。欧洲内部市场协调局（OHIM）负责商标和外观设计的相关事务，而欧洲专利局（EP）负责的是发明专利相关事务，此外，在欧盟不存在欧共体实用新型这一类型。

欧共体外观设计保护制度于2002年实施，由于非注册式共同体外观设计（Unregistered Community Design，简称UCD）无须注册申请，故无法在欧洲内部市场协调局（OHIM）的网站上进行查询和检索。

欧洲内部市场协调局（OHIM）从2003年开始受理注册共同体外观设计的申请。注册式共同体外观设计的英文名称为The Registered Community Design，简称RCD。欧洲内部市场协调局（OHIM）的政策是公开和透明的，其提供一系列的搜索工具，对外观设计进行快速、方便的查找，并提供有关的分类信息和检索帮助。目前欧洲内部市场协调局（OHIM）通过因特网免费提供2003年4月1日以来到最近一天更新的外观设计文献，供社会公众免费查询，具体的网址是：http://oami.europa.eu/。

通过网站首页的悬浮窗口即可进入（见图7-2），其向使用者提供不同语言的说明，但未提供中文检索界面，故本书仍以英文版本加以介绍。

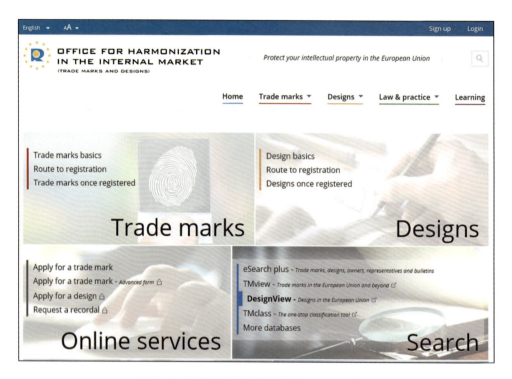

图 7 - 1　欧洲内部市场协调局（OHIM）主页

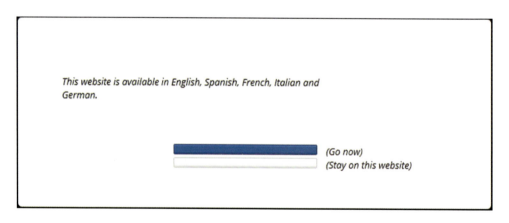

图 7 - 2　悬浮窗口界面

进入欧洲内部市场协调局（OHIM）的英文主页，可看到页面上均有快捷的入口可供选择，其当前页面上提供了商标检索和外观设计检索的相关入口。另外，在主页的上方也有不同的标签页，通过"Designs"的标签页亦是进入相关内容的渠道。

在欧洲内部市场协调局（OHIM）的网站中，公众可进行如下三方面与检索有关的操作：

- Search classification for designs – EUROLOCARNO 欧洲外观设计分类查询——EU-ROLOCARNO❶
- Search registered Community designs：注册式共同体外观设计检索
- Community Designs Bulletin 共同体外观设计公报（浏览）

欧洲外观设计分类查询是利用欧洲内部市场协调局（OHIM）提供的便捷数据库工具——EUROLOCARNO 来查询洛迦诺分类类别的简单方式，申请人在递交注册申请时可采用其中的术语，方便快捷。

注册式共同体外观设计检索是检索注册外观设计最为常用的检索方式，它向使用者提供了多个检索入口和检索模式，检索 2003 年以来的欧盟注册外观设计文献，包括著录项目信息和图片。

共同体外观设计公报向公众提供了所有电子形式的共同体外观设计注册信息、登记簿信息及公布注册期满续展的目录和相关信息。此外，还有针对公众的通知和告示。

二、欧洲外观设计分类查询

欧洲内部市场协调局（OHIM）以洛迦诺国际外观设计分类体系为基础，提供 22 种欧盟语言的洛迦诺国际外观设计分类扩展版本，即欧洲洛迦诺分类——EUROLOC-ARNO，大约包含有 11000 项，公众可通过互联网进入在线查询。欧洲内部市场协调局（OHIM）同时鼓励申请人使用欧洲洛迦诺分类表中的产品术语，从而节省翻译时间，使注册更快捷，同时规范的术语可以使注册外观设计检索的入口更明晰、更准确。

单击主页中"Search"的"More Databases"，即进入欧洲内部市场协调局（OHIM）的数据库界面：

图 7 – 3　数据库检索页面

---

❶ 该部分内容将在本章第一节二中重点介绍。

出现"EuroLocarno",即为欧洲洛迦诺分类查询的进入界面,页面中列有详细的内容说明:

图 7-4　欧洲洛迦诺分类的进入页面

再单击中部的按钮"EuroLocarno",则进入欧洲洛迦诺分类的查询界面:

图 7-5　欧洲洛迦诺分类的查询界面

在进行欧洲洛迦诺分类查询时,可采取根据产品名称关键词进行查询和根据洛迦诺分类号进行查询两种方式来操作。

（一）根据产品名称关键词进行查询

1. 单独关键词查询

当在查询界面输入框内输入关键词"Cat"，单击"Search"，可得到如图 7-6 所示结果，即检索到相关信息中含有"Cat"而所属洛迦诺类别不限定的所有记录共 2 条，如图 7-6 所示。

图 7-6 输入关键词"cat"的查询结果

2. 组合关键词查询

公众还可借助于多个关键词进行组合查询，并且可以使用"＋"或"－"符号与关键词配合来查询得到包含或不包含所输入关键词的查询结果。在关键词输入形式不同时，则结果不同，详见表 7-1。

表 7-1 关键词输入方式及结果

示　　例	查询结果
oil cake	查询结果包含 oil 或 cake，共 22 个
	Oil cake crushers
	Oil cruets
	Cake tins
oil - cake	查询结果包含 oil，但是不包含 cake，共 12 个
	Oil cruets
	Oil coolers
oil + cake	查询结果包含 cake，不一定包含 oil，但包含 cake 和 oil 的结果排列靠前，共 10 个
	Oil cake for animals
	Cake boxes

　　例如，如图示 Indication of product: `cat food` 输入关键词，可检索到 51 条记录（见图 7 - 7），即检索到相关信息中含有 "cat" 或者含有 "food" 而所属洛迦诺类别不限定的所有记录共 51 条，如图 7 - 7 所示。

Search result : Found 51

New search ■ Refine search ■ << Previous 20 ■ Next 20 >>

Result	Classification	Indication of product
1	01.06	⊞Cat food
2	01.99	⊞Food products
3	30.99	⊞Cat litter trays
4	01.06	⊞Fish food
5	01.06	⊞Dog food
6	01.99	⊞Fast food
7	07.07	⊞Food containers
8	31.00	⊞Food driers
9	09.03	⊞Packaging for food
10	09.03	⊞Containers for food products
11	07.07	⊞Containers for food products
12	07.06	⊞Food dispensers
13	07.01	⊞Containers for food
14	31.00	⊞Food processors
15	07.04	⊞Moulds for food products
16	07.02	⊞Food steamers
17	09.03	⊞Packaging for food products
18	07.01	⊞Food containers
19	07.06	⊞Food trays
20	07.06	⊞Food tongs

图 7 - 7　输入 cat food 关键词的查询结果首页

　　例如，如图示 Indication of product: `cat -food` 输入关键词，而 Locarno classification 处均选择 "any"，可找到 1 条记录（见图 7 - 8），即检索到相关信息中含有 "cat" 不含有 "food" 而所属洛迦诺类别不限定的所有记录共 1 条，即只检索出图 7 - 6 中显示的第 2 条记录。

Search result : Found 1

New search ■ Refine search ■ << Previous 20 ■ Next 20 >>

Result	Classification	Indication of product
1	30.99	⊞Cat litter trays

图 7 - 8　输入 cat - food 关键词的查询结果

　　例如，如图示 Indication of product: `cat +food` 输入关键词，而 Locarno classification 处均选择 "any"，可找到 49 条记录（见图 7 - 9），即检索到相关信息中含有 "food" 不一定含有 "cat" 而所属洛迦诺类别不限定的所有记录共 50 条，缺少了图 7 - 7 中的第 3 条记录

（因其不含有 food），如图 7 - 9 所示。

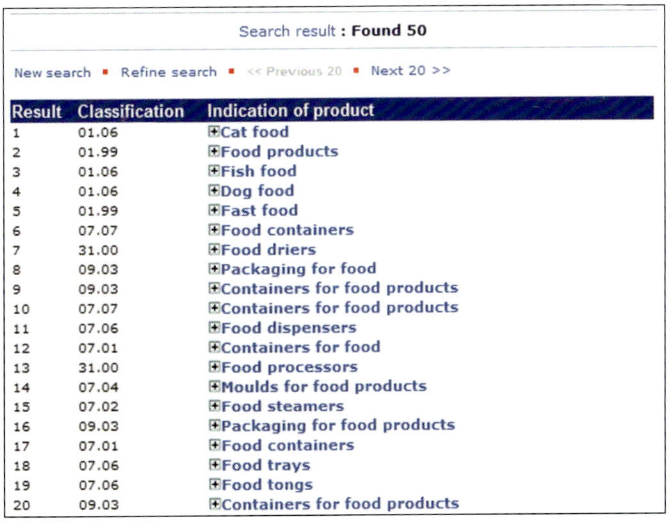

图 7 - 9　输入 cat + food 关键词的查询结果首页

3. 通配符查询

在欧洲洛迦诺分类查询中也支持通配符查询，即用"＊"符号代表零或多个字符，用"？"符号代表一个字符，详见表 7 - 2。

表 7 - 2　通配符查询示例

示　　例	查询结果
electr＊	查询结果包含以 electr 开始的单词
	electrocardiographs
	Electrical and electronic entertainment machines
+ pack＊ + food	查询结果包含以 pack 开始的单词，同时包含单词 food
	Packaging for food
	Packaging for food products
electr＊d＊	查询结果包含以 electr 开始、且带有字母 d 的单词
	electrocardiographs
dis？s	查询结果包含以 dis 开始、字母 s 结束、且 dis 与 s 之间相隔一个字母的单词
	Magnetic disks
	compact discs

4. 词组查询

词组查询即采用在双引号中加若干单词的方式，表明在欧洲洛迦诺分类中查询含有引号中若干短语词组的结果。查询结果与引号内的词组相比较，词序不发生变化，如图 7 – 10 和图 7 – 11 所示。

图 7 – 10 　输入 "shoe stands" 词组的查询条件

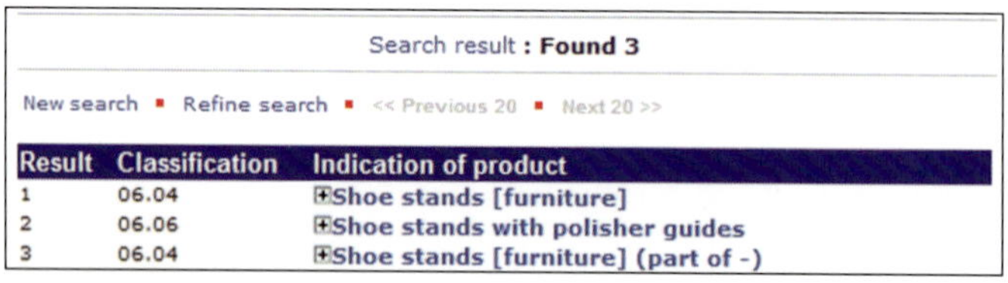

图 7 – 11 　输入 "shoe stands" 词组的查询结果

（二）根据洛迦诺分类号进行查询

若在欧洲洛迦诺分类查询界面中以确定的洛迦诺分类号进行查询，在洛迦诺分类的下拉菜单中选择某一分类，即可缩小查询的范围，同时可以与关键词相结合精确查询。

例如，可以输入 "shoe"，并选择 02 – 04 进行查询，可以得到如下查询结果：

图 7 – 12 　输入 shoe 关键词和 02 – 04 的查询结果

三、注册式共同体外观设计检索

欧洲内部市场协调局（OHIM）网站上的 search 提供已获得注册的欧共体外观设计登记注册信息。其中，可以直接进入 Design View 进行检索，也可以从另外的途径单击欧洲内部市场协调局（OHIM）网站主页右侧"Search"下的"more databases"，再单击"eSearch plus"，或者直接单击页面上的相同入口，即是注册式共同体外观设计检索的进入界面。

图 7 – 13　注册式共同体外观设计检索进入界面

（一）Design View 检索

基本检索界面中单击高级检索按钮"Advanced search"即可进入，利用高级检索。

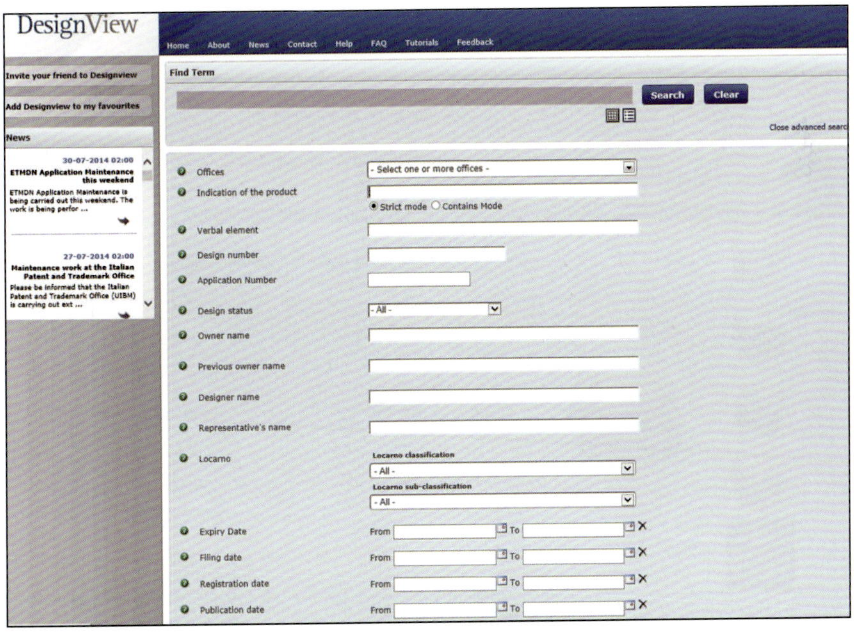

图 7 – 14　基本检索界面

　　在基本检索界面提供了多个检索入口：国别、外观设计注册号、注册外观设计拥有人、注册日期、洛迦诺大类小类号、外观设计产品名称等，检索入口可以单独使用也可以组合使用。

　　示例说明：检索洛迦诺分类号为 01 类，产品名称中带有 tea 的外观设计。

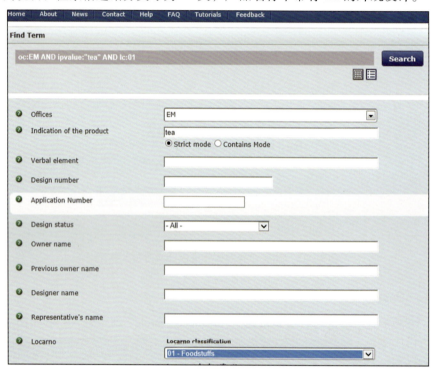

图 7 - 15　示例的检索条件输入界面

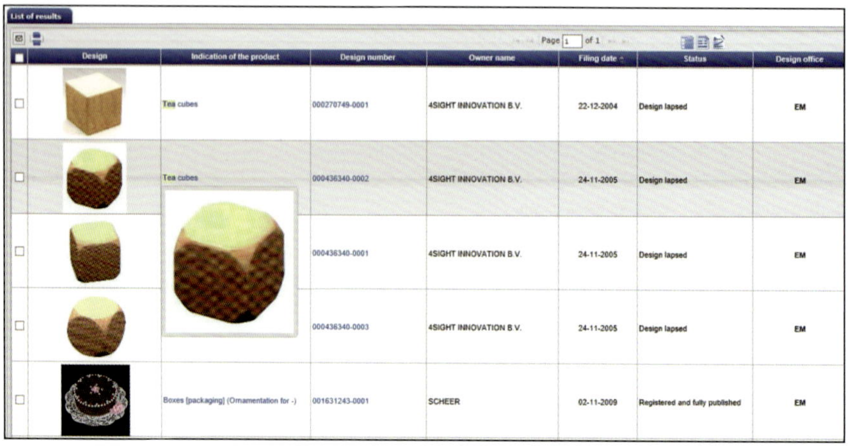

图 7 - 16　示例的检索结果

（二）Esearch plus 高级检索

进入高级检索界面，高级检索（Advanced search）在界面中以双放大镜图案表示，高级检索较基本检索而言，检索条件数量更多，即对命中结果的限制更多，意味着其可以进行复杂的检索，更为精确地圈定检索范围。

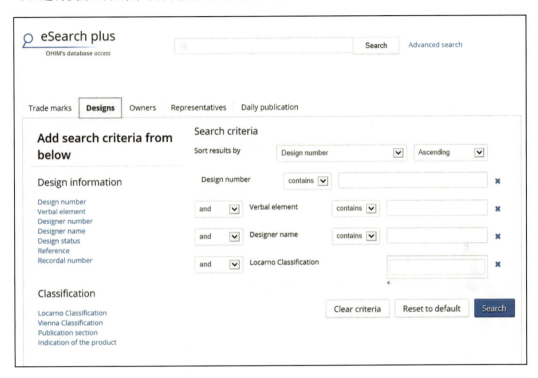

图 7 – 17　eSearch plus 高级检索界面

在高级检索界面除了基本检索的入口外，还提供了更多的检索入口，只要单击左面的相应的按钮，则输入条件的检索条件框就出现在右边的相应位置。也可以单击条目后面的叉号去掉相应的条目。

示例：拥有人姓名包含 NOKIA，设计人姓名包含 SIMON，注册日期段是 2007 年 1 月 1 日至 2009 年 12 月 31 日，洛迦诺分类号为 14 – 01，产品名称中带有 head＊，拥有人国籍芬兰 FINLAND。

将以上检索条件输入，见图 7 – 18，即得到如图 7 – 19 所示的结果。

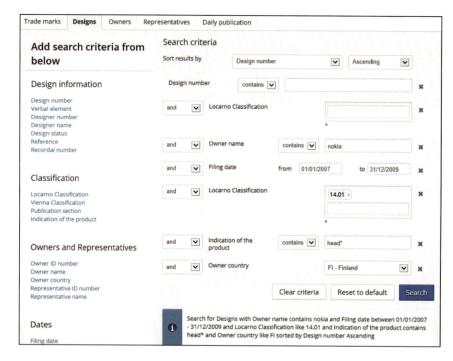

图 7 – 18　检索示例的检索条件输入界面

图 7 – 19　高级检索示例的检索结果（截取）

（三）检索输入格式汇总

1. 注册号输入规则

注册号由两部分组成，注册申请顺序号 + 多项申请序号，如：000003132 – 0015。其中，顺序号按大流水号编排，由 9 位数字组成，不足 9 位数的前方补 0。多项申请序号表示一件申请中包括几项外观设计就有几个编号。多项申请序号由 4 位数字组成，不足 4 位数的前方补 0。按号检索时，允许只输入注册申请顺序号部分、省略编号前方的数字"0"。例如，243480 – 1 被系统认为是 000243480 – 0001；仅输入 243480，检索结果是 000243480 – 0002、000243480 – 0001 等等。

2. 注册外观设计拥有人输入规则

该检索条件采用结构化语句输入方式，Name（姓名）处的下拉菜单还可选择 ID number（ID 号），而 Is（是）下拉菜单处还可选择 Contains（包含）、Begins with（以……开始）、Ends with（以……结尾）的形式，使用者根据需要界定检索方式。在高级检索模式下，可以使用通配符"＊"和"?"。

3. 注册日期输入规则

通过单击按钮可以简便地选择所需要的检索日期。

4. 洛迦诺分类输入规则

使用人应当考虑分类版本的不同带来的影响，洛迦诺分类号的输入格式大类和小类间要加"."。

5. 外观设计产品名称输入规则

外观设计产品名称检索不区分大小写，亦可以按照下拉菜单所给出的四种方式予以选择——Is、Contains、Begins with、Ends with。其中，Is 代表检索仅包含检索词的结果，Contains 代表检索包含检索词中任何一部分的结果，Begins with 代表检索以检索词开始的结果，Ends with 代表检索以检索词结尾的结果。在高级检索的模式下，还可利用 AND、OR 等布尔运算以及通配符进行高级检索。

另外，高级检索的模式还提供了其他的检索入口，对于姓名、名称类的输入规则可参见前面所介绍的注册外观设计拥有人和外观设计产品名称输入规则；对于日期类的输入规则，可参见前面所介绍的注册日期输入规则；多类别的输入规则，可参见洛迦诺分类输入规则；对国家的选择，可点选按钮提供的 Selector 选择器进行选择，见图 7 – 20。

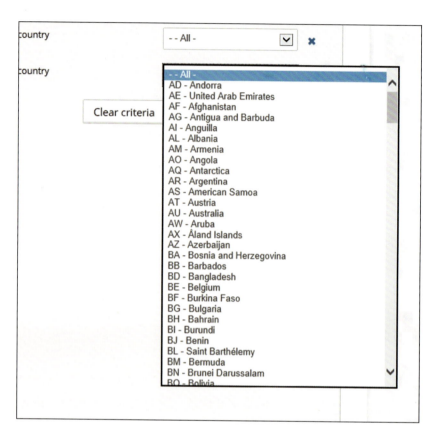

图 7 - 20　国别选择器

四、共同体外观设计公报浏览

欧共体注册式外观设计以公报形式为公众所知，其周期为每日出版，但只有电子形式而没有纸件刊物的形式。

共同体外观设计公报的结构和代码均依照世界知识产权组织 ST. 80 标准设立，公报主要包括三个方面的内容：注册式共同体外观设计、注册以后注册簿的项目信息情况、期满注册外观设计的信息和续展信息。此外，公报中还包含公众通知的部分。

欧洲内部市场协调局（OHIM）的网站主页上，网站主页右侧"Search"下"eSearch plus"进入检索页，单击进入页面中"Dairly publication"，即可得到图 7 - 21 共同体外观设计公报的进入界面。

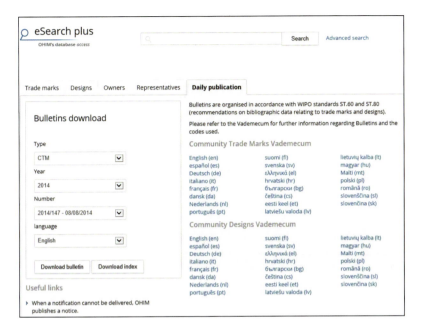

图 7 – 21　共同体外观设计公报的进入界面

共同体外观设计公报浏览可以在线公报或者 PDF 文件汇编两种方式实现。

公报说明：单击图 7 – 21 左侧中年份就可以选择相应公报方式进入浏览，默认显示为检索当年的最近一期的公报，如图 7 – 22 所示，在这里能够浏览 2004 年至检索当年出版的各期公报。

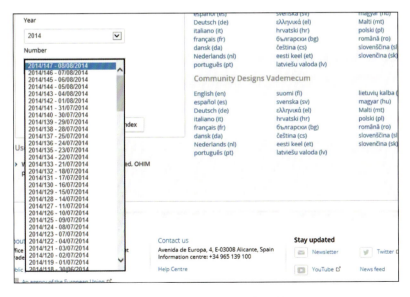

图 7 – 22　共同体外观设计公报浏览界面

　　单击左上角的"Year"可显示不同年份，单击具体年份即可浏览到该年度的各期公报。再逐层进入具体的各期公报，例如单击"2010/188"，得到图 7 - 23 所示界面：

图 7 - 23　共同体外观设计 2010 年 188 期公报界面

　　需要说明的是，公报的内容由《共同体外观设计条例》（CDR）和《共同体外观设计细则》（CDIR）规定，其必须公布有关外观设计注册的详细内容，以及登记簿上的注册和登记信息。每期公报由 A、B、C、D 四部分组成，A 部分——共同体外观设计注册的相关信息；B 部分——注册后登记簿中的相关信息，诸如变更、转移、许可等；C 部分——公布注册期满续展的目录和相关信息，D 代表恢复权利，页面中还有详细的代码说明。在公报的每一部分前都刊登相关法规条文的引用。

　　公报中 A 部分又包括三方面内容：A.1 共同体外观设计的注册信息；A.2 要求延期公布的共同体外观设计注册及其首次公布的信息；A.3 在 A 部分出现的疏漏和错误。

　　B 部分包括十方面内容：B.1 有关疏漏和错误；B.2 有关权利转移；B.3 有关无效

宣告和授权程序；B. 4 有关放弃和无效的外观设计；B. 5 有关许可；B. 6 有关对物权（对物权：可基于对财产整体或仅对某项利益而享有的所有权）；B. 7 有关破产程序；B. 8 有关执行判决扣押财产；B. 9 有关代理；B. 10 其他。

A. 1 中公布的著录项目及 INID 代码的使用说明见表 7 - 3：

表 7 - 3　INID 代码及使用说明

INID	INID 代码含义	使用说明
21	申请号	收到申请时欧洲内部市场协调局给予的编号，与代码 11 表示的注册号相同
25	申请语言及第二语言	是提交申请的语言和申请人指明的第二语言，第一和第二语言必须不同。第一语言可以是共同体的任何一种官方语言，第二语言必须是 OHIM 的 5 种工作语言之一（西班牙语、德语、英语、法语、意大利语）。因为 OHIM 的书面通知书使用申请语言，当申请语言不是工作语言之一时，OHIM 可用第二语言发通知书
22	申请日	申请日，也是注册生效日
15	注册日	是对申请完成审查并在登记簿中注册的日期
45	公布日	条例规定注册当日即行公布。但是，公报并非每日出版。因此，注册日和公布日之间有时间差
11	注册号	——
46	延期期限届满日	是延期公布的截止日
72	设计人或设计团体	当权利人指明设计人时，此处刊登该设计人姓名，当权利人指明设计人已放弃权利时，此处标示为（x）
73	权利人的姓名和地址	——
74	代理人的姓名和公司地址	——
51	洛迦诺分类	根据洛迦诺分类中的大类和小类给定的产品分类
54	产品名称	外观设计所使用的产品名称
30	要求优先权申请的国家、申请日和申请号（公约优先权）	表示按条例规定，要求并被 OHIM 接受的公约优先权
23	外观设计首次展出的名称，地点和日期（展览优先权）	表示按条例规定，要求并被 OHIM 接受的展览优先权

INID	INID 代码含义	使用说明
29	提交的样品	表示提交的是样品而不是图片
57	提交的描述	描述部分不在公报中公布，但可按规定查阅文献获知
55	外观设计的再现	即外观设计注册时的图片，最多可包含 7 张图片。如果提交的图片是彩色的，此处公布的就是彩图。图片中可指明权利人请求保护部分外观设计，指明的形式可以是将不保护的部分用虚线表示，或将要保护的部分圈起来或在黑白图片上用彩色表示

A. 2 要求延期公布的共同体外观设计的注册及首次公布的信息。当一件注册式共同体外观设计申请根据 CDR 第 50 条规定，请求延期公布的申请与其他申请一样将予以审查。然而，只要还在延期期限内，公报的 A. 2 部分就只公布部分注册信息。如果注册延期的权利人请求公布，将在公报的 A. 1 中公布全部注册信息。

值得注意的是，公报 B 部分除刊登与 A 部分相同的 INID 代码外，还增加了一些WIPO 标准 ST. 80 中没有包括的著录项目代码。公报对这些代码的使用有详细说明，其中部分代码的含义和说明如表 7 - 4 所示。

表 7 - 4 代码含义及使用说明

代码	代码含义	使用说明
59	登记的公布日	表示在登记簿中相关信息的公布日期。相关信息包括变更、转移、弃权等
63	放弃	表示已提交放弃声明，通过文档查阅可获得放弃的文件
64	决定的日期和结果（0 驳回、1 部分承认、2 完全承认）	表示决定的内容，依不同程序而定： 无效程序中，如果共同体外观设计继续保持注册形式，即宣告无效请求被驳回。此处将显示"0"。如果共同体外观设计被部分维持，即请求被部分承认，将显示"1"。如果共同体外观设计被宣告完全无效，将显示"2" 授权程序中，如果请求人的授权要求被驳回，即原注册人不具备权利人资格，此处将显示"0"。如果请求人具备部分资格，即请求被部分承认，将显示"1"。如果请求人被承认具备资格，将显示"2"

续表

代码	代码含义	使用说明
91	被许可人或分许可的被许可人的姓名和地址	依不同内容使用说明各有不同： 在 B 5.1 中，表示被许可人或分许可的被许可人的姓名和地址； 在 B 5.2 中，表示新的被许可人的姓名和地址
92	代理人的姓名和地址	依不同内容使用说明各有不同： 在 B 5.1 中，表示被许可人或分许可的被许可人的代理人姓名和地址； 在 B 5.2 中，表示新的被许可人代理人的姓名和地址； 在 B 6.1 和 6.2 中，表示对物权利人的代理人的姓名和地址
93	许可的类型：（1）= 非排他，（2）= 不受地域限制，（3）= 不受时间限制，（4）= 排他，（5）= 受地域限制，（6）= 受时间限制，（7）= 分许可，在分许可情况下，分许可的登记日	——
94	转移的许可登记日 变更或取消的许可的登记日和登记号 转移的对物权的登记日	依不同内容使用说明各有不同： 在 B 5.2 中，表示转移信息被 OHIM 接受的日期； 在 B 5.3 中，表示变更或取消的许可在登记簿上的登记日和登记号； 在 B 6.2 中，表示转移信息被 OHIM 接受的日期
95	要求登记的一方当事人或国家当局	表示要求在登记簿中登记信息的一方当事人或国家当局名称
96	对物权利人的姓名和地址	——
97	对物权的类型（1 或 2）	"1"表示注册式共同体外观设计被作为抵押担保；"2"表示注册式共同体外观设计是对物权针对的对象

第二节　世界知识产权组织国际外观设计检索

一、概述

世界知识产权组织（WIPO）负责管理《工业品外观设计国际注册海牙协定》制约下的国际外观设计体系。自海牙体系于 1928 年起开始运作以来，符合规定格式要求的国际申请即被记录在国际注册机构（WIPO 国际局）的国际外观设计注册簿，除要求延期外，均在国际外观设计公报中公布，同时登载在 WIPO 网站上，每月公告一次，内容包括所有国际注册数据及工业品外观设计副本。世界知识产权组织的网址为：http://www.wipo.int/，或者直接单击 http://www.wipo.int/ipdl/en/hague/search - struct.jsp 检索。

图 7 - 24　世界知识产权组织（WIPO）主页

检索国际工业品外观设计需进入世界知识产权组织（WIPO）网站的海牙专属数据库（Hague）所在网页，该数据库对公众免费开放使用。社会公众可以输入该数据库网址（http://www.wipo.int/ipdl/en/hague/search - struct.jsp）直接进入，亦可在主页中依次单击相应条目而逐级进入，首先单击"WIPO/HAGUE"，再单击"Key resources"，最后为"Iinternational Ddesigns Bbulletin"，即可进入海牙专属数据库的检索界面。

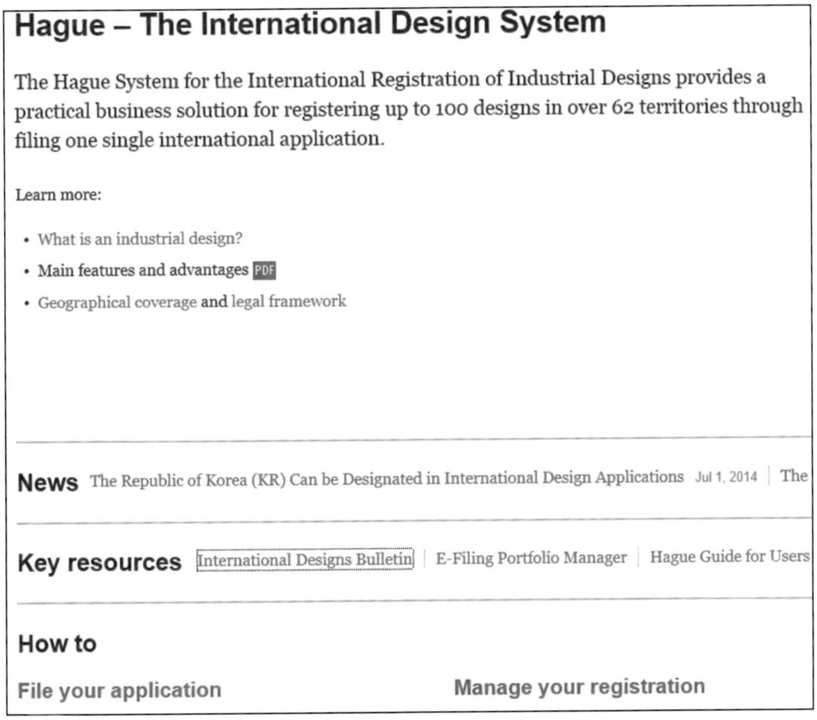

图 7 – 25　海牙专属数据库进入流程

二、国际外观设计的检索

(一) 结构化检索

世界知识产权组织网站提供了结构化检索条件界面，结构化检索采用按不同检索字段输入各自检索语句的组合检索条件，能够实现复杂的检索。该检索方式直观明了，系统提供了模式化的工具，各项目均采用选择项的方式，使用者不必记忆字段名称、逻辑算符等，也不必输入复杂的检索式，只需通过鼠标的单击选择即可完成检索条件的输入。结构化检索界面如图 7 – 26 所示，在此界面中，设有三个区域：结果排序选项区 (Sort Results)、检索提问式输入区 (Query) 和显示选项区 (Display Options)。

结果排序选项区 (Sort Results) 设有两个单选选项：按时间发生顺序排序 (Chronologically) 和按相关性排序 (By Relevance)。选择按时间发生顺序排序 (Chronologically) 则按公开日期排序，公开日期越新的外观设计文献排在越前面；若选择按相关性排序 (By Relevance) 则按相关程度排序，与检索条件表达的检索要求越相关的外观设计文献排在越前面。

图 7 - 26   结构化检索页面

检索提问式输入区（Query）设有 8 组检索式输入窗口，可以指定单独一个检索式，也可以通过选择每组检索式输入窗口之间的逻辑组配选项来指定最多 8 个检索式之间的逻辑关系。每组检索式输入窗口均由检索字段选项窗口和检索式输入窗口组成，每个检索字段选项窗口的下拉菜单中均有 9 个检索字段可供选择：注册号（Registration Number）、持有人（Holder）、国际注册日（International Registration Date）、洛迦诺分类号（Locarno Classification）、产品名称（Indication of Products）、优先权信息（Priority Data）、申请人所属缔约方（Applicant's Contracting Party）、指定国（Designated Contracting Parties）和公告日（Publication Date）。检索者可以通过各个窗口间的逻辑组配的多重限定来缩小检索领域，实现更加精确的检索，如图 7 - 27 所示。因此，结构化检索的组合检索模式，也是进行国际外观设计检索的推荐使用方式。

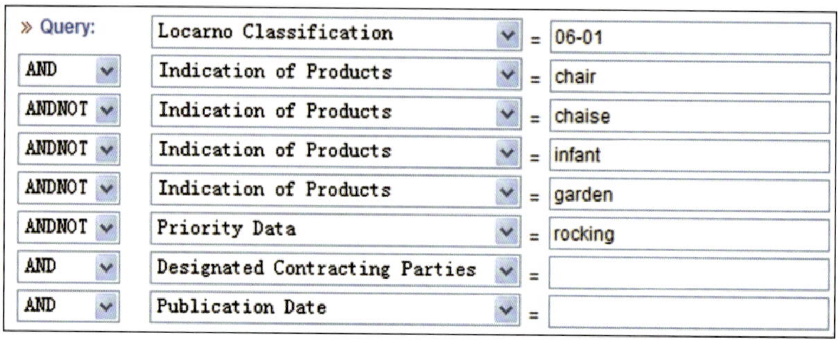

图 7 - 27   结构化检索逻辑组配示例

显示选项区（Display Options）栏目下可以选择检索结果显示的格式。在"results per page"前面的下拉菜单中选择检索结果页面中每页显示的记录条数，可供选择项为：10、25、50。勾选"in a new window"前面的选择框可以指定在一个新的浏览器窗口中打开国际外观设计文献的详细信息，这样可以方便用户在阅读某个外观设计文献详细信息的同时还可以浏览之前检索得到的检索结果列表。是否勾选其余的两个选项——"Locarno Class"（洛迦诺分类号）、"Deposit Date"（注册日），关系到是否在检索结果列表中显示这两个条目的相关信息。

需要指出的是，采用结构化检索界面进行短语检索时，无须将输入的短语置于引号（" "）内，系统会自动将输入的词语组在一起作为一个短语进行检索。

示例说明：检索持有人姓名含有 ARPER，国际注册日为 2009 年 7 月 17 日，洛迦诺分类号为 06 – 01，产品名称中含有 sofa 的外观设计。

将以上检索条件输入，见图 7 – 28，即得到如图 7 – 29 所示结果。

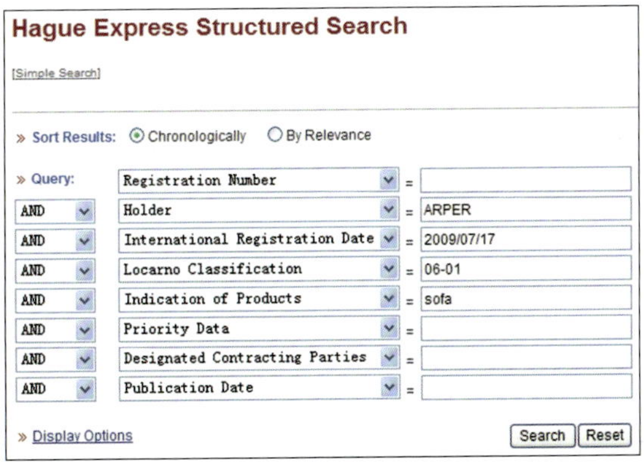

图 7 – 28　结构化检索示例的检索条件输入界面

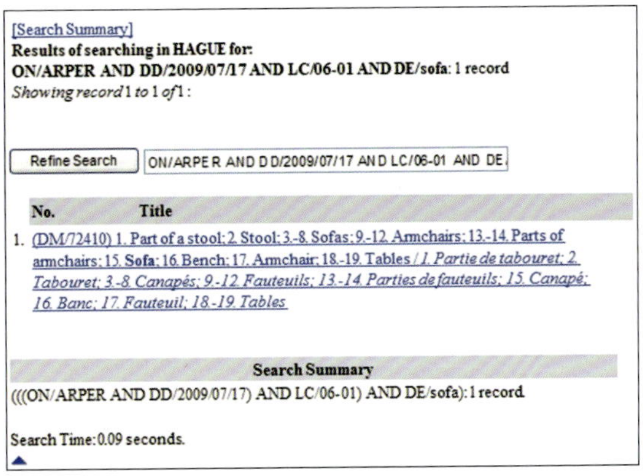

图 7 – 29　结构化检索示例的检索结果

若要查看检索结果的详细信息，需单击数字序号后的链接文字进入检索结果 1，如图 7 – 30 所示。

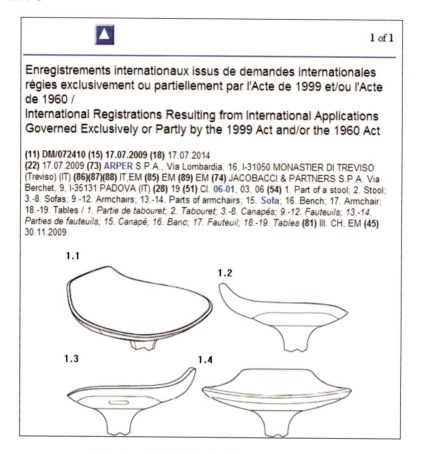

图 7 – 30   结构化检索示例的检索结果详细信息

（二）简单检索界面

在结构化检索界面单击"Simple Search"（简单检索），即切换到简单检索界面，如图 7 – 31 所示。

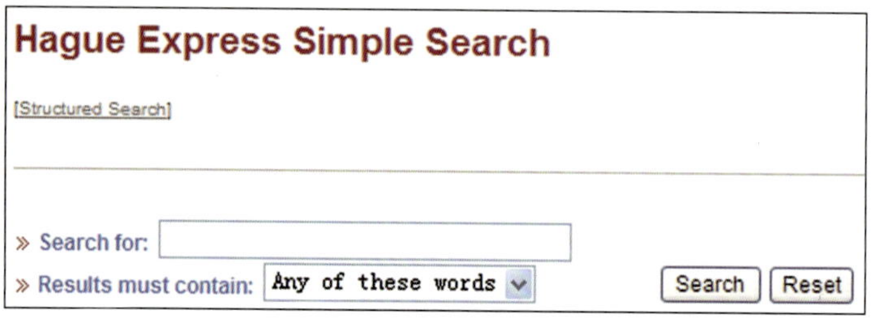

图 7 – 31   简单检索界面

简单检索方式旨在尽量简化检索。输入的检索词在所有字段中检索，但不能指定检索字段。在"Search for"后的检索词输入框中，可输入一个或多个检索词，不区分大小写。当输入多个检索词时，应使用空格将检索词分开。多个检索词之间的逻辑关系及位置关系，通过选择"Results must contain:"下拉菜单中的选项进行指定。选择"All of these words"项，则代表命中的检索结果文献中必须包含所有输入的检索词；选择"Any of these words"项，则代表命中的检索结果文献中至少包含一个输入的检索词；选择"This exact phrase"项，则代表命中的检索结果文献中包含该检索词组。

示例说明：检索持有人姓名含有 ARPER，产品名称中含有 sofa 的外观设计。

将检索条件输入，如图 7－32 所示，并注意选择"All of these words"（包含所有检索词），即得到如图 7－33 所示的结果。

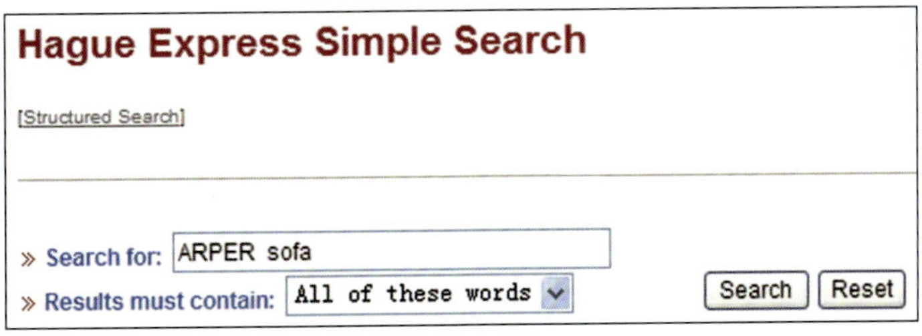

图 7－32　简单检索示例的检索条件输入界面

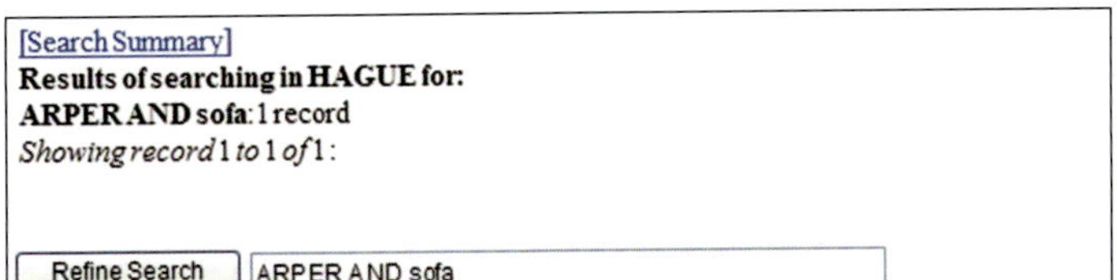

图 7－33　简单检索示例的检索结果

（三）检索输入格式汇总

1. 注册号（Registration Number）

注册号由 5 位或 6 位数字组成，输入检索条件时支持末尾几位用通配符"＊"代替来模糊检索。

2. 持有人（Holder）

专利权持有人（申请人）可为个人或者团体，可输入持有人名称的全部或部分，键入字符数不限，且无须区分大小写字母，亦可用通配符"＊"来实行模糊检索。申请人可实行组合检索。

3. 国际注册日（International Registration Date）及公告日（Publication Date）

日期由年、月、日三部分组成，"年"为4位数字，"月"和"日"均为2位数字，各部分之间的有效格式有很多种，此处以2012年2月15日为例，格式包括：20120215、2012/02/15或15/02/2012、2012-02-15或15-02-2012、2012.02.15或15.02.2012，并且当各部分之间用"/"或"-"或"."分隔时（分隔号不能混用），"年"的前两位和"月"和"日"中为0的第一位数字可以省略。系统还提供日期范围的检索，即在两个日期之间使用"->"隔开。

4. 洛迦诺分类号（Locarno Classification）

洛迦诺分类由大类号和小类号两部分组成，各部分之间可以采用分隔符"-"隔开，输入检索条件时也可以省略分隔符。大类号为2位数字，小类号为2位数字，如输入12-08或1208。检索条件可以输入1~4位数字。当输入1位数字，代表以该数字为大类号的首数字作为检索条件；仅输入2位数字，则代表以该数字为大类号作为检索条件；输入3位数，则表示以前两位数字为大类号、第三位数字为小类号的首数字作为检索条件。

5. 产品名称（Indication of Products）

外观设计名称键入字符数不限，无须区分大小写字母。外观设计名称可实行"＊"通配符模糊检索，模糊检索时应尽量选用关键字，以免检索出过多无关文献。

6. 优先权信息（Priority Data）

可输入优先权的任何信息进行检索，如在先申请国别、在先申请日等，也可使用模糊检索。

7. 指定国（Designated Contracting Parties）

可输入指定国家的缩写代码进行检索，也可使用模糊检索。

另外，设在检索式输入窗口之间的逻辑组配选项下拉菜单中有五种逻辑运算符："OR""AND""ANDNOT""XOR""NEAR"。每种逻辑运算符的含义见表7-5。

表7-5　逻辑运算符的含义

A OR B	满足A条件或B条件或同时满足A和B条件
A AND B	同时满足A条件和B条件
A AND NOT B	满足A条件但是不能包含B条件
A XOR B	满足A条件或B条件，但是要排除同时满足A和B条件
A NEAR B	同时满足A条件和B条件，但是A和B之间相距不得大于五个词

"OR""AND""AND NOT"和"XOR"四种逻辑运算符既可用于两个以上相同检索字段的检索入口之间的逻辑组配，也可用于两个以上不同检索字段的检索入口之间的逻辑组配；但"NEAR"逻辑运算符只能用于两个以上相同检索字段的检索入口之间的逻辑组配。

检索者可以依据自己手中所掌握的信息，例如：外观设计的持有人、国际注册日、外观设计产品的分类、产品名称以及优先权和指定国的相关信息，应用逻辑运算符进行逻辑组配检索。正确地使用其逻辑运算符，能使检索人快捷准确地检索到最相关信息。

（四）检索结果的显示

在海牙专属数据库中，无论以何种检索方式检索，得到的检索结果显示格式是相同的。发出检索指令，待检索系统执行检索后，在一个新浏览器窗口中显示检索结果列表，如图7－33所示，具体显示情况介绍如下。

排序方式：记录条目式，结构化检索可以选择按时间发生顺序排序或按相关性排序。

每页显示记录数量：当采用结构化检索时，输入检索条件的页面存在"results per page"选项，可从前面的下拉菜单中选择检索结果页面中每页显示的记录条数，可供选择项为：10、25、50。两种检索方式均默认为25条。

列表项目：通常为序号、注册号、产品名称（分别以英语和法语双语显示），在结构化检索时，还可选择性地显示"Locarno Class"（洛迦诺分类号）、"Deposit Date"（注册日）两个项目。

此外，在检索结果列表页面中单击"Search Summary"，可以浏览检索统计信息，包括每个输入的检索词在多少篇文献中出现了多少次及逻辑运算符使用的统计信息，检索所用时间等，这些信息方便使用者优化检索策略。

Search Summary

(((((LC/06-01 AND DE/chair) ANDNOT DE/infant) ANDNOT DE/garden) ANDNOT DE/chaise) ANDNOT DE/rocking): 81 records.

Search Time: 0 seconds.

图7－34　检索统计信息

当检索结果的命中数较多时，系统为使用者提供了一个方便的输入选框——"Start At"，在其后的输入框中输入要到达的检索结果的记录号，则可直接到达指定的记录处。

国际外观设计全文显示：单击检索结果列表中的单条记录，即可显示该条外观设计文献记录的详细信息，包含国际外观设计的著录项目信息和图片。

如图 7 - 35 所示，页面左上角布置有控制按钮，◀ ▶分别表示查看上一条或是下一条命中记录的详细信息，▲表示返回检索结果列表的页面。右上角显示当前条数和总条数的信息。

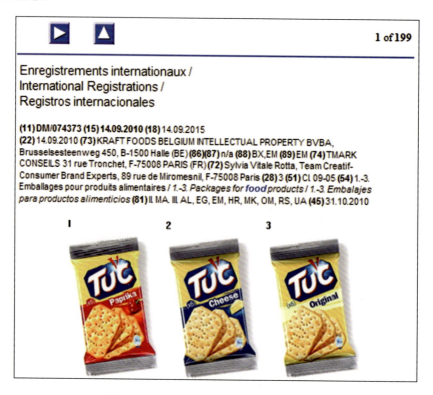

图 7 - 35　国际外观设计全文显示页面示例

三、国际外观设计公告检索

世界知识产权组织（WIPO）国际外观设计公告检索数据库收录了涉及在 1960 法案和 1999 法案的海牙协定下的国际外观设计注册数据，包括自著录项目和设计的呈现，以及自 2004/04 起在国际登记簿中记载的其他记录信息。

输入网址 http://www.wipo.int/hague/en/bulletin/，或者通过主页依次单击外观设计在线检索服务的相应条目，即可进入国际外观设计公告检索界面，见图 7 - 36 以月为周期的 2004/04—2011/12 国际外观设计公告检索页面和图 7 - 37 以周为周期的自 2012/01 起国际外观设计公告检索页面。

International Designs Bulletin

(Nos. 2004/04 – 2011/12)

The WIPO International Designs Bulletin is the official publication of the Hague System. It contains data regarding new international registrations, renewals, and modifications affecting existing international registrations.

Bulletin 2011/12 ▾ Date: 31/01/2012

» Recording Type Registrations ▾   ⦿ Individually   ○ By Chapter

Query: Registration Number ▾ =

AND ▾ Holder ▾ =

AND ▾ International Registration Date ▾ =

AND ▾ Locarno Classification ▾ =

AND ▾ Indication of Products ▾ =

AND ▾ Priority Data ▾ =

AND ▾ Designated Contracting Parties ▾ =

Search   Reset

图 7 – 36　以月为周期的 2004/04—2011/12 国际外观设计公告检索页面

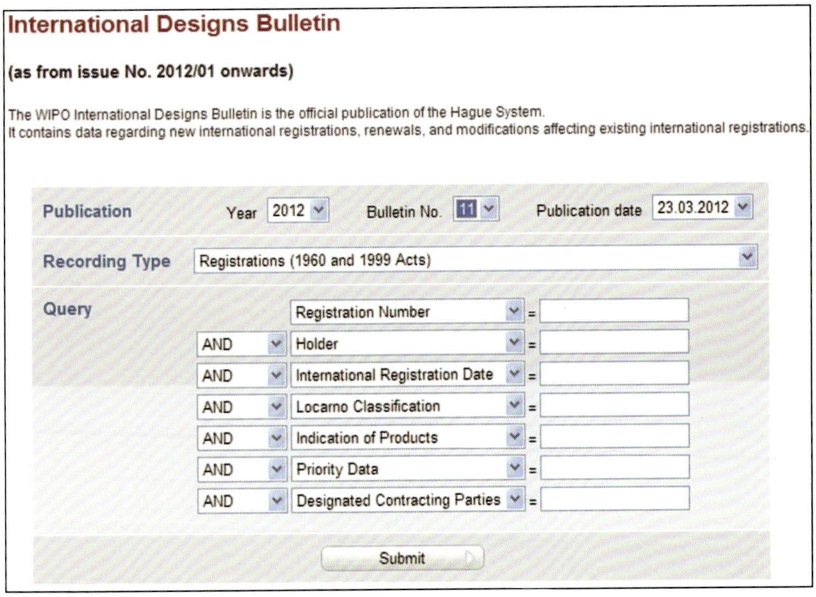

International Designs Bulletin

(as from issue No. 2012/01 onwards)

The WIPO International Designs Bulletin is the official publication of the Hague System.
It contains data regarding new international registrations, renewals, and modifications affecting existing international registrations.

Publication   Year 2012 ▾   Bulletin No. 11 ▾   Publication date 23.03.2012 ▾

Recording Type   Registrations (1960 and 1999 Acts) ▾

Query   Registration Number ▾ =

AND ▾ Holder ▾ =

AND ▾ International Registration Date ▾ =

AND ▾ Locarno Classification ▾ =

AND ▾ Indication of Products ▾ =

AND ▾ Priority Data ▾ =

AND ▾ Designated Contracting Parties ▾ =

Submit ▷

图 7 – 37　以周为周期的自 2012/01 起国际外观设计公告检索页

　　世界知识产权组织国际外观设计公告检索数据库仅提供了一种简单的基于原始数据目录的检索，使用检索页面一般分为 5 个步骤具体如图 7 - 38 所示。

第 1 步	选择所检索的公告号和所检索产品的记录类型。
第 2 步	选择结果排列方式，即个别的或按章节单选按钮排列。
第 3 步	在所检索领域的空格里输入检索词。
第 4 步	在所要检索领域栏的左边输入逻辑检索方式。
第 5 步	单击检索按钮，得到检索结果。

图 7 - 38　检索页面使用步骤

第八章　世界主要国家与地区的检索案例

鉴于各个检索系统中数据库的数据收集和更新具有各自的差异性，检索方法也有所不同，为了更加直观地展示各个检索系统的检索过程，本书选取两个被检索对象作为教学案例分别在各个检索系统中介绍具体的检索过程。主要选择了较为常见且检出概率较大的产品为被检索对象。

表 8 – 1　检索应用案例明细

案例	产品名称	国际外观设计分类号	检索数据库
案例一	鞋	02 – 04	中国、中国香港地区、日本、韩国、欧盟、WIPO
案例二	锯	08 – 03	中国台湾地区、美国

图 8 – 1　案例一：鞋

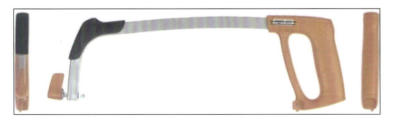

图 8 – 2　案例二：锯

第一节　中国专利公布公告系统检索案例

选择案例一进行检索。

一、确定检索数据规模

在主页单击高级搜索选项，可以进入专利检索页面。

图 8 - 3　高级检索页面

选择外观设计专利类型，在"名称"和"分类号"栏内分别输入"鞋""02 - 04"，单击"检索"按钮。如图 8 - 4 所示，命中结果数量为 22269 条。

图 8-4 检索结果页面

二、检索条件修正

由于数量众多，我们很难进行逐条比对，必须进一步进行条件限制。通过对被检对象的图片进行进一步分析，我们可以得出，其为一款表面有规则孔状结构的凉鞋。因此，我们将名称的限制条件修改为"凉鞋"，再次检索，检索结果如图 8-5 所示。

图 8-5 修正条件后的检索结果页面

如图 8-5 所示，命中结果数量为 782 条。基本上属于我们在网页检索界面可以逐条进行比对的数量规模。

三、检索结果显示

通过对显示列表的产品名称的浏览，我们可以有选择性地进行逐条单击进入全文图像显示界面。通过逐条对比，发现了与被检对象相似的外观设计。详细信息如图 8 - 6 所示。

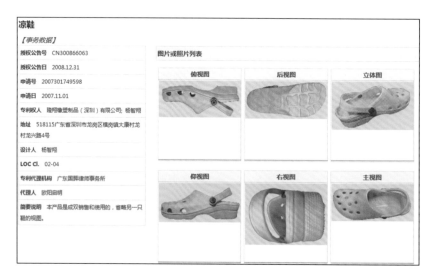

图 8 - 6　检索结果显示

由于已经找到与被检对象相似的外观设计，我们就不需要再进行逐项查看和对比了。如果没有检索到与被检对象相似的外观设计，我们可以采用更改检索条件限制的方式继续检索，如修改名称关键词或者增加申请日期限条件等。

第二节　中国香港专利检索案例

选择案例一进行检索。

一、简易检索

进入香港知识产权署网上检索系统外观设计检索界面，选择简易检索，确定使用的检索条件：物品名称及分类号。

需要注意的是，输入物品名称时应根据需要选择检索方式，此次检索选取的是部分符合。此外注意输入的文字应为繁体中文。

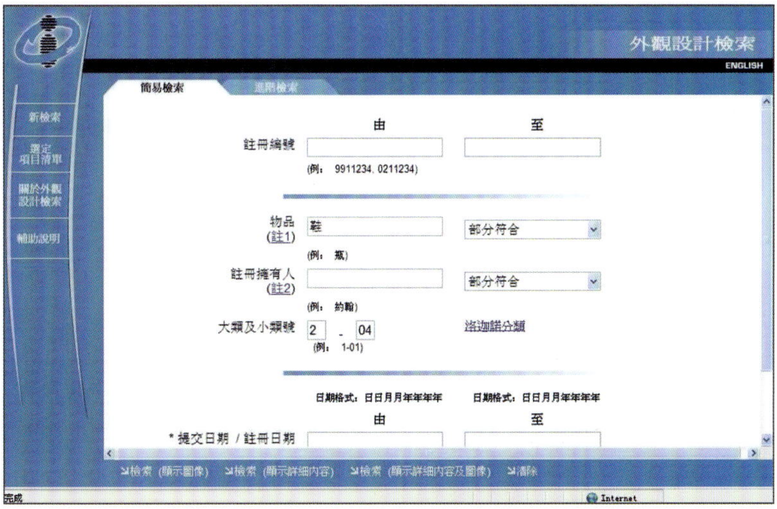

图 8 - 7　输入检索条件

输入检索条件之后，选择检索结果的显示方式，基于图与图的比较更为直观、简洁，选择显示图像的显示方式进行检索。

图 8 - 8　选择显示图像的显示方式进行检索

二、检索结果显示

检索显示的结果如图 8 - 9 所示，符合检索条件的项目太多，因此只显示首 500 项，

如果需要全部检索，可以单击后面的蓝色字体显示全部记录。首先在 500 项符合检索
条件的结果中查看。

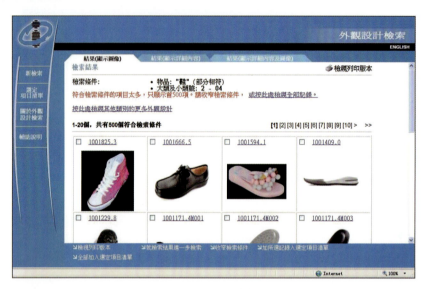

图 8 – 9　检索结果

在检索结果中与被检索对象进行对比，在第 6 页发现与被检索对象相似的外观设
计，在该外观设计前的小方框中勾选并加所选记录入选定项目清单。

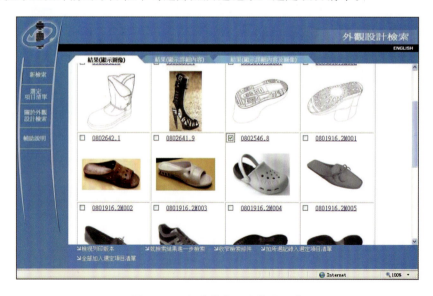

图 8 – 10　勾选其中一项外观设计

图 8 – 11　将所选外观设计加入选定项目清单

在完成查看检索结果后，单击"選定項目清單"就会出现之前所选中的外观设计。

图 8 – 12　选定项目清单

单击蓝色字体的注册编码，就会显示该外观设计的注册记录册，包括所有的著录项目信息。在注册记录册中单击最上方的蓝色字体的外观设计的表述，则会显示该外观设计的所有申请图片，可以保存该外观设计图片。

图 8 – 13　外观设计注册记录册

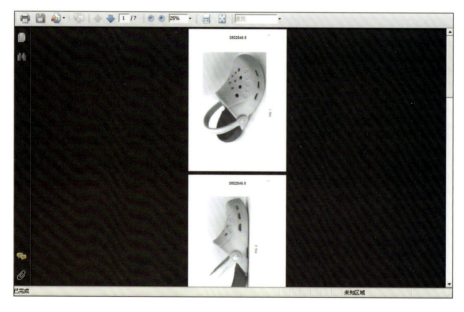

图 8 – 14　外观设计图片

图 8 - 15　保存外观设计图片

　　由于已在前 500 项中找到了与被检索对象相似的外观设计，因此，可以不必查看全部记录。至此，在香港知识产权署网上检索系统外观设计检索系统中的检索完成。

第三节　中国台湾专利检索案例

　　进行案例一进行检索。

一、初步检索

　　进入台湾连颖科技股份有限公司的 WEBPAT 专利数据库整合检索平台：http://webpat.tw。选择台湾核准专利资料库检索标签进入检索界面，选择默认的一般检索界面进行检索。

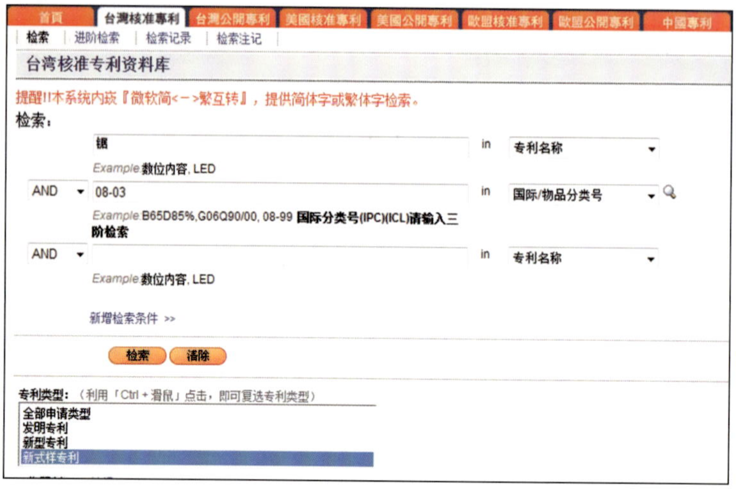

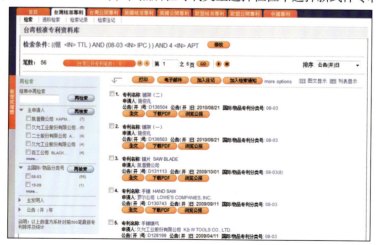

图 8 – 16　检索主界面

检索界面中的第一栏位默认为专利名称，在该栏位输入产品名称"锯"作为检索条件，由于系统本身支持简繁转换，因此不用考虑输入汉字的简繁体问题。

在检索界面中的第二栏位，单击默认的"专利名称"项右侧的下拉菜单，选择"国际/物品分类号"，在该栏位输入"锯"所在的分类号"08 – 03"。

在专利类型选择栏位中选择新式样专利，限定检索的范围为外观设计专利。单击"检索"按钮，即可显示检索结果。

如果选择进阶检索界面进行检索，可以在检索条件栏位中输入检索条件：（（锯 < IN > TTL）AND（08 – 03 < IN > IPC）），然后在专利类型选择栏位中选择新式样专利即可。

图 8 – 17　检索结果列表

二、结果显示

单击屏幕右侧的图文显示按钮，切换成比较直观的图文显示模式。

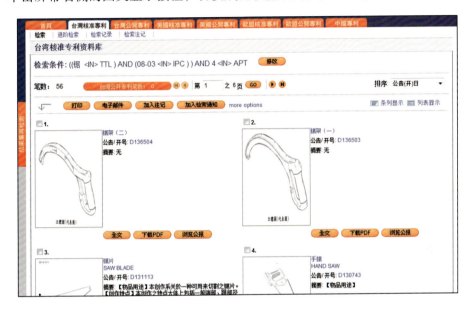

图 8 – 18　图文显示模式

逐页进行浏览，对于比较相似的专利可以单击浏览公报查看其详细信息。

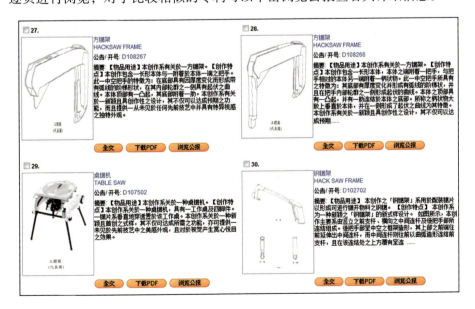

图 8 – 19　详细信息

最终找出我们想要的结果，下载相应的 PDF，保存打印即可。

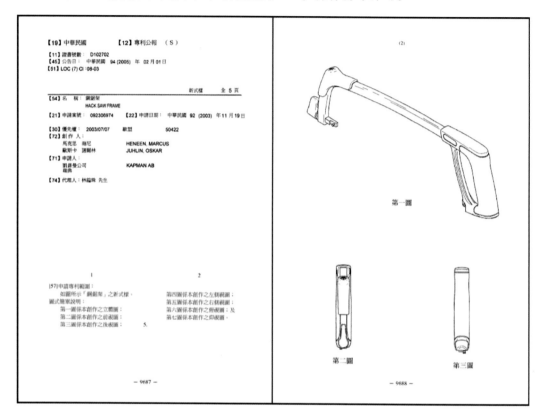

图 8 - 20   PDF 格式展示

第四节   美国专利检索案例

选择案例二进行检索。

一、选择检索界面

进入 USPTO 专利检索网站：http://patft. uspto. gov/，选择快速检索功能（Quick Search）进入检索界面。

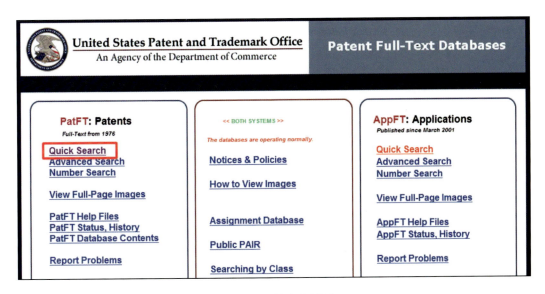

图 8 – 21　检索主界面

二、分类号检索

(一) 利用国际分类号

在快速检索界面（Quick Search）选择国际分类号（International Classification）入口，输入分类号 0803 作为检索条件，单击"检索"（Search）按钮，即可显示第一页的结果，结果显示截至检索时间，命中的结果 1869 件。

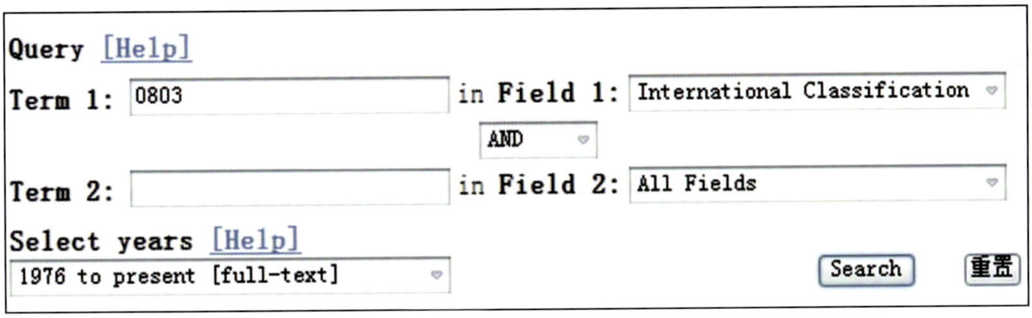

Query [Help]
Term 1: 0803　　in Field 1: International Classification
　　　　　　　　AND
Term 2: 　　　　in Field 2: All Fields
Select years [Help]
1976 to present [full-text]　　Search　重置

图 8 – 22　以国际分类号作为检索入口

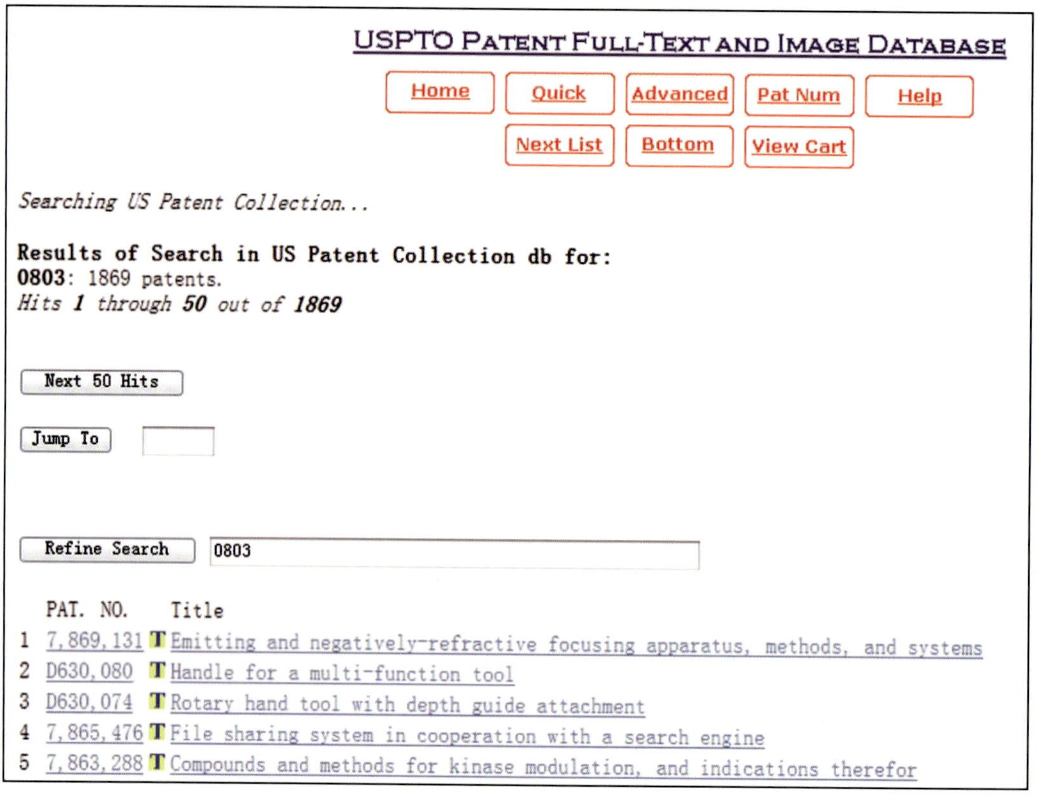

图 8 – 23　国际分类进行检索的结果

（二）利用本国分类号

通过国际分类号（International Classification）得到的检索结果过多，并且 USPTO 的检索界面查看图片比较麻烦，因此可以通过使用当前美国分类号（Current US Classification）作为入口，输入对应的 D8/96 进行检索，命中的结果就只有 46 件了。

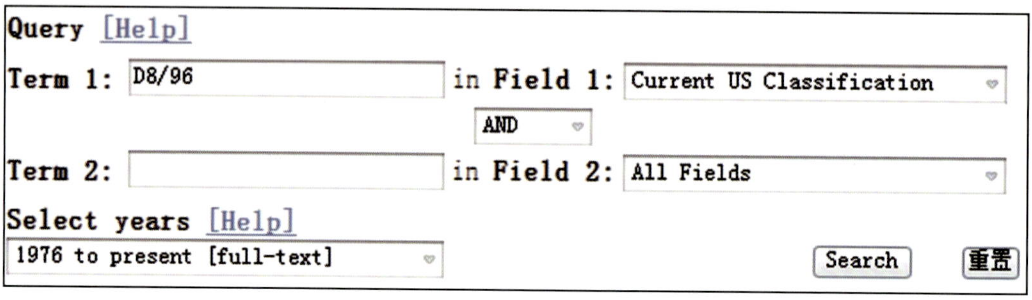

图 8 – 24　以美国分类号做为检索入口

```
Searching US Patent Collection...

Results of Search in US Patent Collection db for:
CCL/D8/96: 46 patents.
Hits 1 through 46 out of 46


  [ Jump To ]    [            ]


  [ Refine Search ]   [ CCL/D8/96                        ]

    PAT. NO.    Title
  1 D563,754  T Hack_saw
  2 D563,753  T Hacksaw_sight
  3 D551,532  T Saw_frame
  4 D551,049  T Saw_frame
  5 D551,048  T Saw_frame
  6 D543,431  T Saw
  7 D536,230  T Hand_saw
```

图 8-25 以美国分类号进行检索的结果

三、检索结果显示

逐件进行浏览打开，记录选中与被检索对象相似的专利即可。

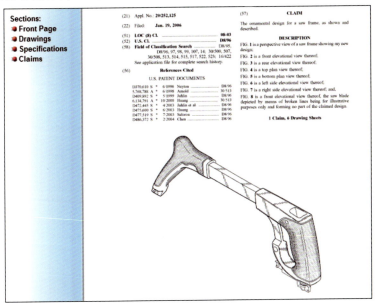

图 8-26 详细信息

第五节 日本专利检索案例

选择案例一进行检索。

一、确定检索分类号

被检对象国际外观设计分类号为 02 - 04。单击"分類リスト（外国）"（外国分类目录），选择第二项"ロカルノ（9 版）→（現行）日本意匠分類対照表"（洛迦诺（第 9 版）→现行日本外观设计分类对照表），查询对应的日本外观设计分类号。

02-04	履物, ソックス及びストッキング	B1670 B2400 B2420 B2440 B2441 B500 B501 B6020 B6029 B5030 B510 B511 B512 B520 B52100 B5219 B5220 B6229 B523 B5500 B580 B690 B6910 B6911 B591200 B59122 B59123 B59124 B59125 B59129 B5920 B5921 B5922

图 8 - 27 检索出的对应分类号显示

被检对象可以描述为鞋面有若干圆孔的凉鞋，经过对图 8 - 27 中的分类号的分析，确定日本本国分类号：B5500。

图 8 - 28 日本外观设计分类号详细定义

二、选择检索入口

单击工业产权图书馆（IPDL）页面的"意匠検索へ"（外观设计检索）栏目，进入检索入口列表。

图 8 - 29　检索入口列表

选择"意匠公報テキスト検索"（外观设计文本检索），进入检索界面。在"檢索项目選択"（检索项目选择）列的下拉框内选择"（現行）日本意匠分類·Dターム"，然后在"檢索キーワード"（检索关键词）下的对应窗口内输入检索的分类号：B5500，单击左下角"检索"（检索）按钮。

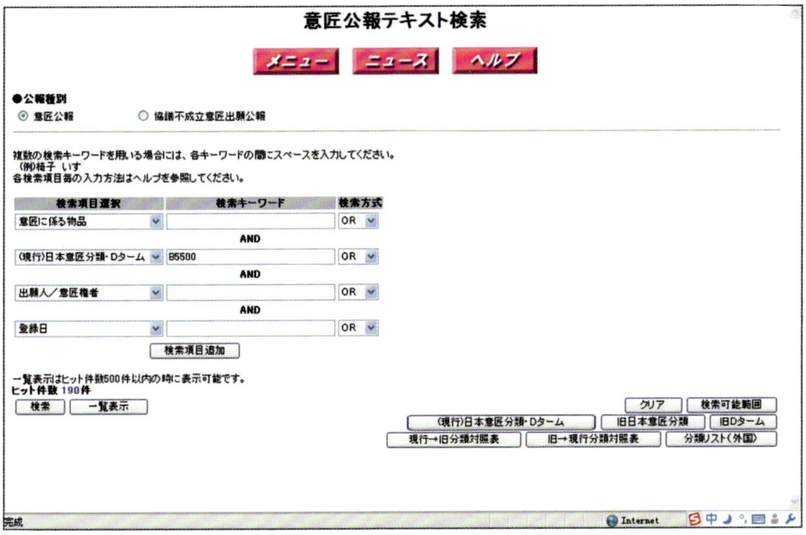

图 8 - 30　检索界面

三、检索结果显示

如图 8 - 30 所示，检索到 190 篇外观设计文献，再单击"一览表示"（浏览），就可列出这 190 篇外观设计文献的目录。

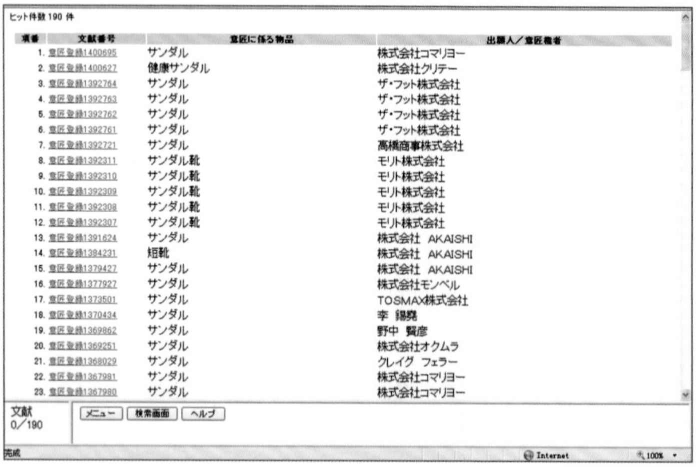

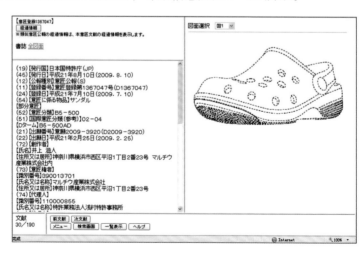

图 8 - 31　检索结果显示

注意：若检索结果文献篇数超过 500 件，则需要再利用其他限定条件进行限制，否则，不能正常进行浏览。

单击左侧文献番号列的链接即可实现对检索结果的逐篇浏览。通过对比，在第 30 项发现与被检对象相似的外观设计，详细信息如图 8 - 32 所示。

图 8 - 32　检索对比结果显示

单击页面左上角的"書誌 全図面",可在页面中实现文本信息和图片信息的切换显示,以方便与被检对象进行全面比对。

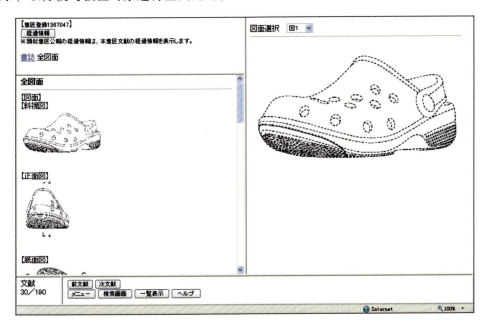

图 8 – 33　该专利的全图显示

单击左上角的"経過情報"(审查过程),可以查询该篇专利的审查过程信息。

出願記事	意匠 2009-003920（平21.2.25）出願種別(通常)
発明の名称	サンダル
出願人	マルチウ産業株式会社
発明・考案・創作者	井上 滋人
意匠分類	B5500
出願細項目記事	査定種別(登録査定) 最終処分(特許／登録) 最終処分日(平21.7.10)
登録記事	1367047（平21.7.10） マルチウ産業株式会社

[基本項目] [出願情報] [登録情報]

图 8 – 34　该专利的审查过程信息

第六节　韩国专利检索案例

选择案例一进行检索。

一、确定本国分类号

首先分析被检索对象：被检索对象为鞋，国际外观设计分类号为 02 - 04，韩国本国分类号属于 B5。

二、选择检索入口

进入韩国知识产权局网上检索系统外观设计检索界面，选择高级检索，确定使用的检索条件：物品名称（shoes）及分类号（B5）。

图 8 - 35　输入检索条件

输入检索条件之后，进行检索。

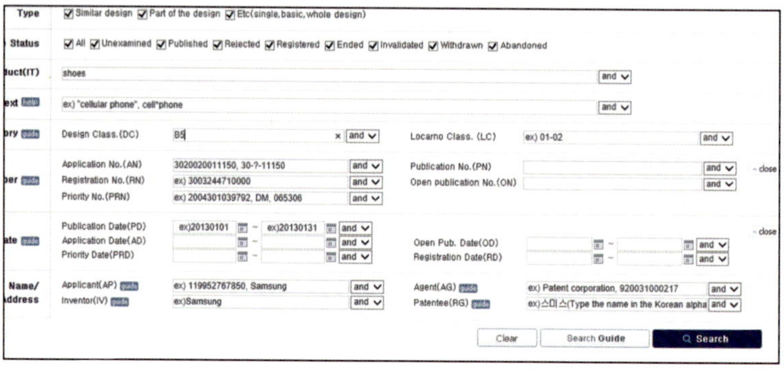

图 8 - 36　进行检索

检索显示的结果：仅为 5 项，并且与被检索对象不相似。

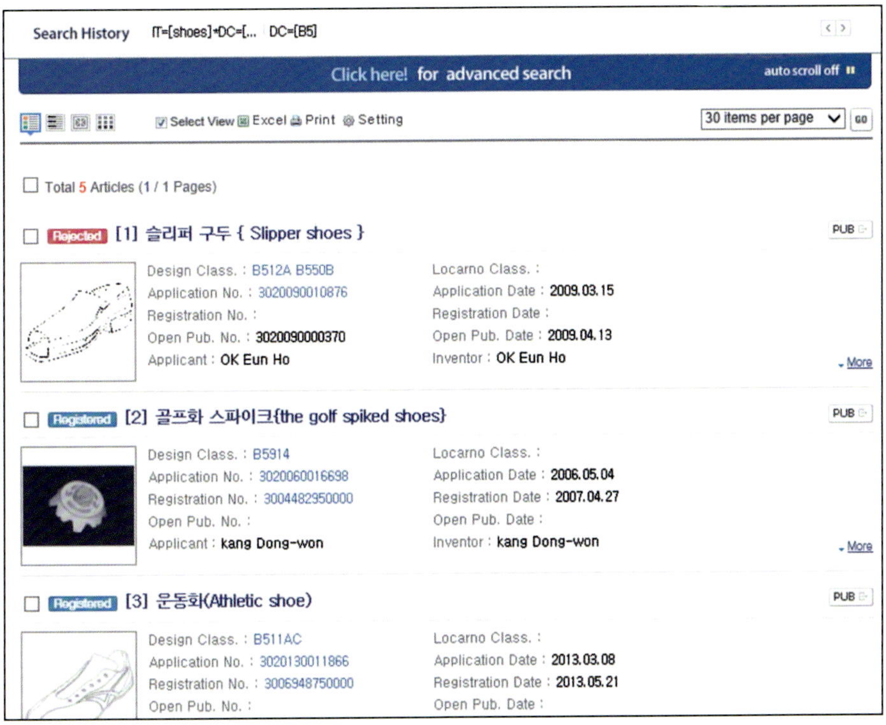

图 8-37　检索结果

三、检索条件修正

在检索结果不理想的情况下，可以再次分析检索条件，考虑到语言的差异性，将其中物品名称这一检索条件取消，仅保留韩国本国分类号一个检索条件再次进行检索。

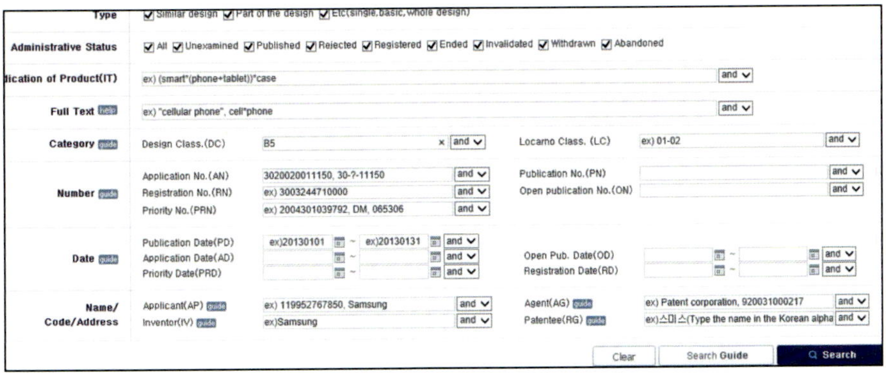

图 8-38　输入检索条件

检索显示的结果：共检索到 9419 项外观设计。

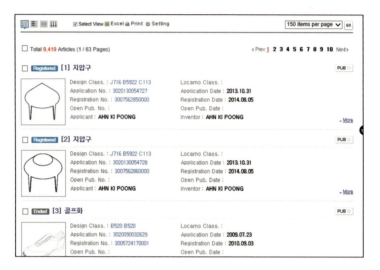

图 8 - 39　检索结果

四、检索结果显示

　　基于图与图的比较更为直观、简洁，选择图像列表显示的方式显示检索结果。每页显示数目栏中选择每页显示 150 项。

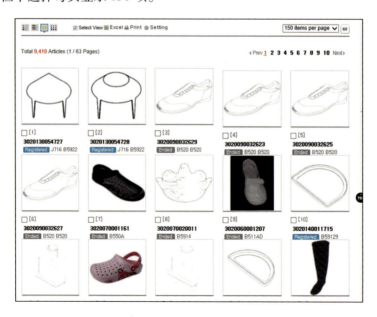

图 8 - 40　图像列表显示检索结果

　　在检索结果中与被检索对象进行对比，发现第 3059 件专利与被检索对象相似，在该外观设计前的小方框中勾选。

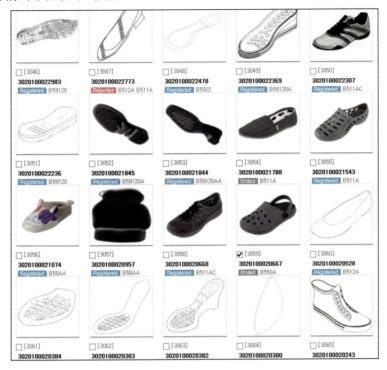

图 8 - 41　勾选其中一项外观设计

　　在完成查看之后，单击上方的"select view"，就会显示出之前选中的外观设计。

图 8 - 42　书签标记

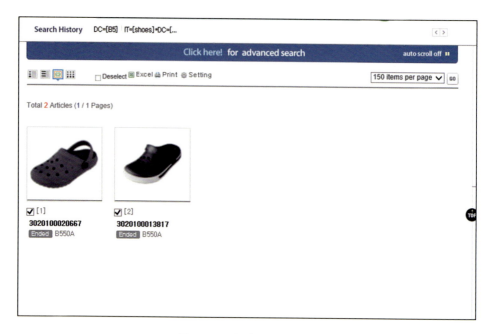

图 8－43　勾选的外观设计

在显示勾选的外观设计页面中，点中蓝色字体的某项申请号，就会显示出具体的该项外观设计的著录项目信息及图片。

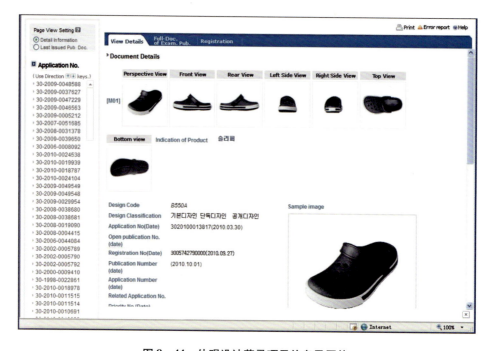

图 8－44　外观设计著录项目信息及图片

在显示勾选的外观设计页面中，上方有导出 Excel、打印等功能，可以输出检索的结果。

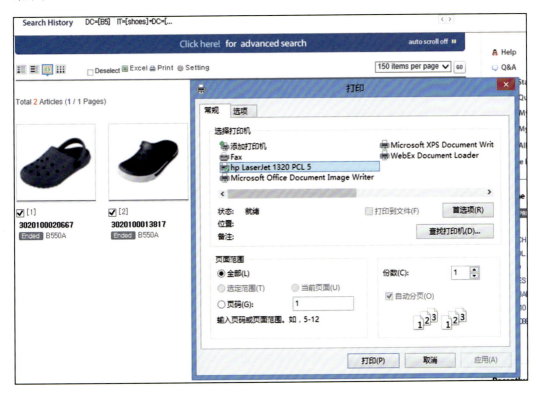

图 8-45　输出检索结果

由于已在前几页找到了与被检索对象相似的外观设计，因此，可以不必查看全部记录。至此，在韩国知识产权局网上检索系统外观设计检索系统中的检索完成。

第七节　欧盟注册外观设计专利检索案例

选择案例一进行检索。

一、选择检索入口

在欧盟注册外观设计之基本检索界面输入检索条件：洛迦诺分类号为 02-04，产品名称中包含有 shoe，将此两个检索条件输入。

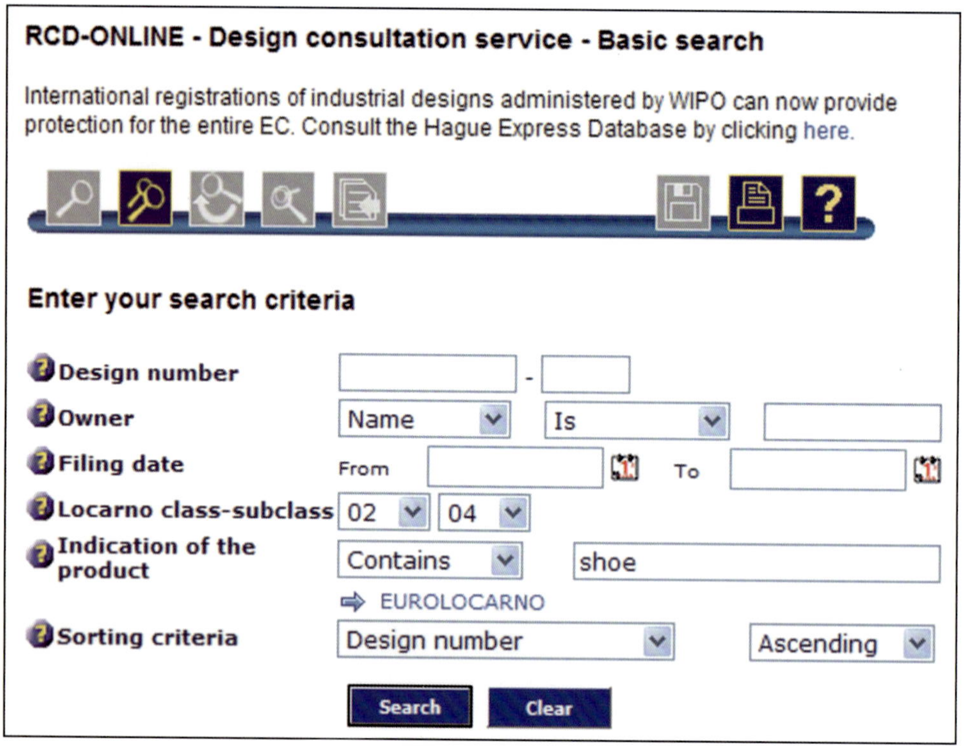

图 8 - 46　基本检索的检索条件输入页面

单击"Search"，得到检索结果 1000 个，由于检索结果的上限为 1000，说明检索结果的数量大于 1000，说明有些检索结果受数量所限而未显示出来，因此应采用适当的条件加以区别，以使检索完整。

二、检索条件修正

在高级检索界面采用分类号、产品名称关键词与时间段多检索条件相结合进行分段检索，经过尝试和调整，逐步将时间细分为 01/06/2010 ~ 30/11/2010、01/01/2010 ~ 31/05/2010……由于每页显示数量仅为 20 个，故需要检索人耐心翻页，不断寻找，逐步寻找到最为有用的结果，如输入图 8 - 47 所示的条件。

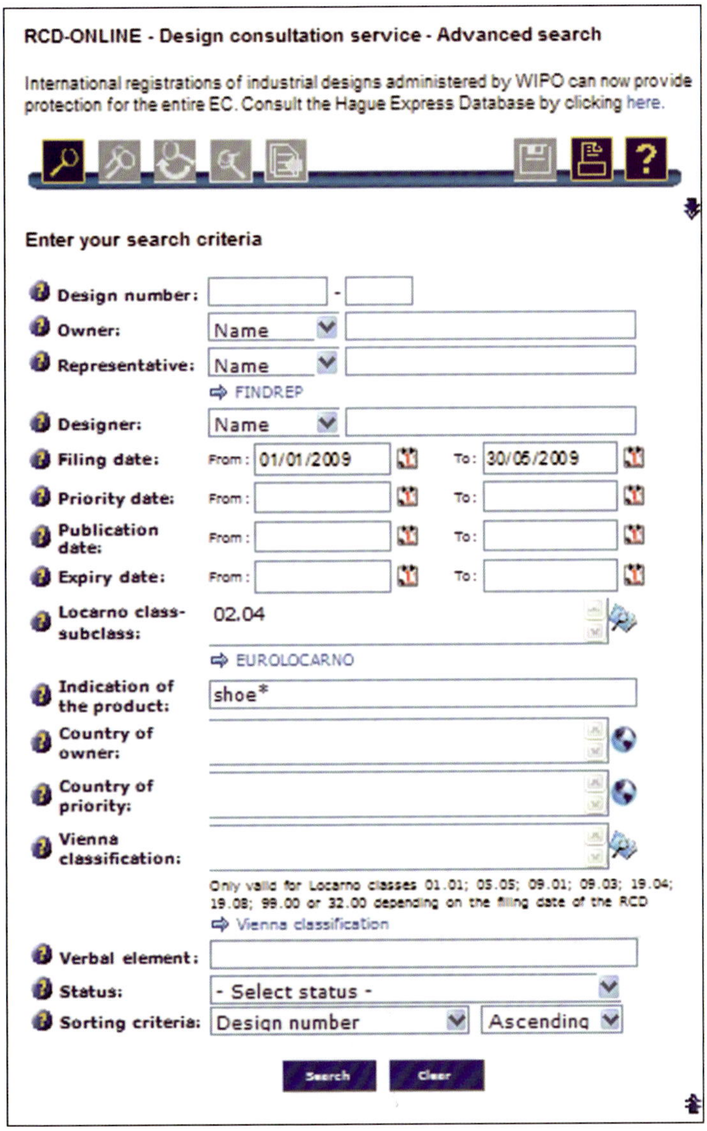

图 8 – 47　输入检索条件

三、检索结果显示

单击"Search"，得到检索结果 879 个，通过翻页寻找，找到第 212 条检索结果与被检索对象较为相像，该结果的详细信息见图 8 – 48。检索人需要继续类似这样不同时间段的检索过程，以得到最为需要的结果，如图 8 – 49 所示。

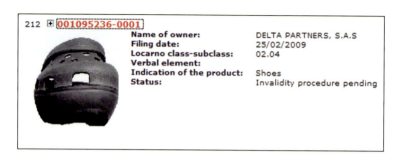

212 ⊞ 001095236-0001

Name of owner:	DELTA PARTNERS, S.A.S
Filing date:	25/02/2009
Locarno class-subclass:	02.04
Verbal element:	
Indication of the product:	Shoes
Status:	Invalidity procedure pending

图 8 – 48　检索结果

图 8 – 49　详细信息

第八节　世界知识产权组织国际外观设计专利检索案例

选择案例一进行检索。

一、选择检索入口

在结构化检索界面输入检索条件，在结果排序选项区（Sort Results）选择按相关性排序（By Relevance），检索提问式输入区（Query）仅输入国际外观设计洛迦诺分类（Locarno Classification）02 - 04，显示选项区（Display Options）选择每页显示 50 条记录并点选"in a new window"，见图 8 - 50。

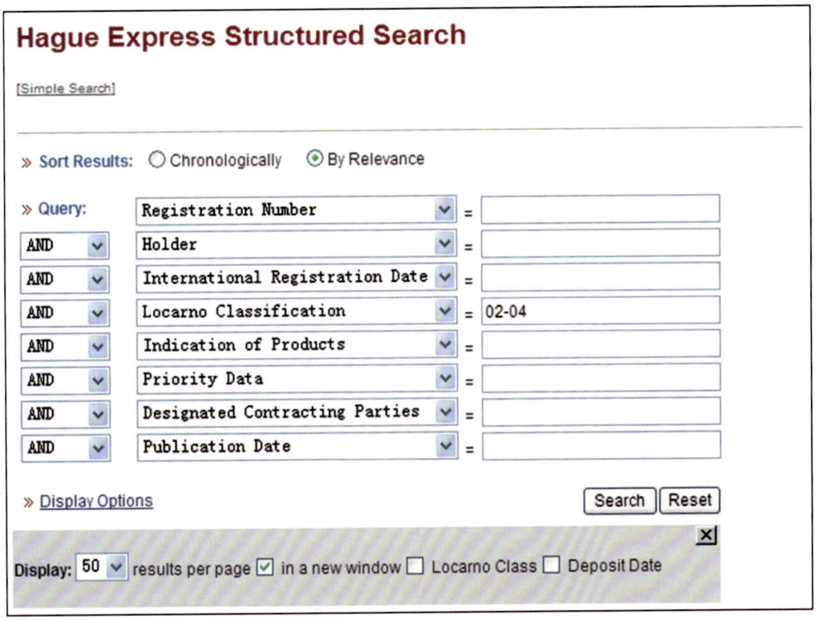

图 8 - 50　检索条件输入页面

二、检索结果显示

发出检索指令执行检索后，在一个新浏览器窗口中显示检索结果列表的页面，见图 8 - 51。

[Search Summary]
Results of searching in HAGUE for:
LC/02-04: 578 records
Showing records 1 to 50 of 578 :

Next 50 records　　　　　　Start At

Refine Search　　LC/02-04

No.	Title
1.	(DM/74495) 1.-8. Chaussures / 1.-8. Footwear / 1.-8. Zapatos
2.	(DM/74438) 1.-11. Safety footwear / 1.-11. Chaussures de sécurité / 1.-11. Calzado de seguridad
3.	(DM/74199) 1.-2. Shoes / 1.-2. Chaussures / 1.-2. Zapatos
4.	(DM/74187) 1.-2. Cuff links; 3.-5. Shoes; 6. Buckle strap; 7. Boot strap; 8.-9. Belts; 10. Buckles / 1.-2. Boutons de manchettes; 3.-5. Chaussures; 6. Patte; 7. Patte de bottes; 8.-9. Ceintures; 10. Boucles / 1.-2. Gemelos; 3.-5. Zapatos; 6. Correa con hebilla; 7. Correa de bota; 8.-9. Cinturones; 10. Hebillas
5.	(DM/73958) 1.-8. Shoes / 1.-8. Chaussures / 1.-8. Zapatos
6.	(DM/73774) 1. Shoe / 1. Chaussure / 1. Zapato
7.	(DM/73770) 1.-3. Soles / 1.-3. Semelles / 1.-3. Suelas
8.	(DM/73681) 1.-2. Soles for footwear; 3. Outsole for footwear / 1.-2. Semelles pour chaussures; 3. Semelle d'usure pour chaussures / 1.-2. Suelas para calzado; 3. Suelas exteriores para calzado

图 8－51　检索结果列表（截取）

单击第一条记录，进入全文显示页面，通过页面左上角的布置的▶按钮，往后逐条查看命中记录的详细信息，直至第 169 条记录，发现与被检索对象较为接近的外观设计。当然，检索人可以在检索条件中输入更为精确的条件，以减少检索命中的数量，快速得到最为需要的结果。

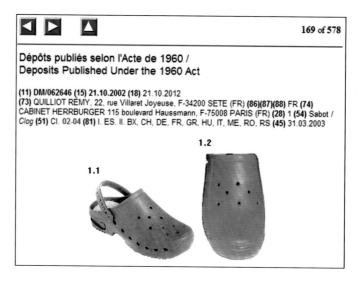

图 8－52　检索结果

后 记

　　本书的撰写工作历时一年半之久，由于各个检索数据库的界面和内容时有更新，因此一直到最后的统稿阶段，本书的编写小组都在不断地关注各个检索系统的实时情况，并且相应地修改检索数据库界面截取配图和案例说明，力求为读者提供更实用的信息和更具有时效性的帮助。本书所采用的案例，均是本书编写小组在检索实践中挖掘的具有突出特征的代表性案例，能够通过诠释案例的检索过程更为全面地展示各个检索数据库的特性和使用方法，希望为读者提供有效的检索指引。

　　虽然本书编写小组投入了大量的精力，但是由于编写人员编写经验不足、水平有限，疏漏在所难免，恳请各方读者批评指正。若由于各个检索系统在本书交付印刷后更新界面而造成与本书内容有所出入，还请读者谅解。